霞浦海洋文化研究丛书 -2

韦大兴　主编

先秦时期的霞浦

吴　卫　著

科学出版社

北　京

内 容 简 介

本书是霞浦县自中华人民共和国成立至今史前考古工作与研究成果的集中展现。内容不仅包括截至目前霞浦县境内新石器时代至青铜时代遗址田野考古最全面的资料，并在这些资料的基础上对霞浦县境内已知史前遗址的分布特点、年代序列、文化内涵及其演变进行了较为深入的研究和讨论，进一步完善了对闽东地区史前文化面貌的认识。同时也为福建史前海洋文化、闽台交流以及南岛语族起源研究提供了较为丰富的原始资料和研究线索。

本书适合于文物考古工作者以及地方史研究者参考、阅读。

图书在版编目（CIP）数据

先秦时期的霞浦 / 吴卫著. —北京：科学出版社，2021.11

（霞浦海洋文化研究丛书 / 韦大兴主编；2）

ISBN 978-7-03-070053-7

Ⅰ. ①先… Ⅱ. ①吴… Ⅲ. ①考古－霞浦县－先秦时代 Ⅳ. ① K872.574-53

中国版本图书馆 CIP 数据核字（2021）第 206173 号

责任编辑：雷 英 / 责任校对：邹慧卿
责任印制：肖 兴 / 封面设计：文物出版社印刷厂有限公司

科学出版社 出版
北京东黄城根北街16号
邮政编码：100717
http://www.sciencep.com

北京汇瑞嘉合文化发展有限公司 印刷
科学出版社发行 各地新华书店经销

*

2021 年 11 月第 一 版 开本：880 × 1230 1/32
2021 年 11 月第一次印刷 印张：5 5/8 插页：4
字数：178 000

定价：98.00 元

（如有印装质量问题，我社负责调换）

序　言

霞浦，山川秀美，港湾绚丽，百岛林立，海岸线曲折绵延居全省首位，系福建少有的几座具有1700多年建制的古县，又是历时600多年福宁州（府）所在的闽东政治经济文化的中心，历史底蕴深厚，滨海经济发达，素为遐迩称道。

更为文化奇观的是，早在新石器时代末期，距今约4300～3500年前，于这人杰地灵之处，居然诞生了以史前彩陶文化著称之考古学命名的“黄瓜山文化”遗存。该彩陶文化风采，集中分布于闽江下游与瓯江流域，广泛点缀在福建沿海一带，远及台湾西海岸同时期的芝山岩文化、牛稠子文化之遗存亦与其有很强的相似性；且在向青铜时代过渡中，演变为霞浦域内璀璨的青铜文化精华。

1997～2007年间，我有幸与业内同仁一道，主持完成福建第二次全省文物普查成果并编辑为《中国文物地图集·福建分册》出版，抚今追昔，深感各地受相关技术力量和资金匮乏等限制，在史前人类活动遗迹的考古调查发现方面尚存不足，需要加强。于是开始着力推动以省市县（区）三级文物考古骨干为主，持续组织开展以闽江流域、晋江流域、九龙江流域、汀江流域、木兰溪流域和全省沿海及岛屿、石灰岩洞穴等为重点的史前人类活动遗迹专项考古调查与研究。幸得大家的认可与积极参与促成，一晃又是十几春秋。

本书作者，时为福建省昙石山遗址博物馆考古部主任的吴卫博士，即是由福建省昙石山遗址博物馆为主导的“福建沿海史前遗址考古调查与研究（试点）”项目之领队，承担了组织开展作为三个试点之一的霞浦域内史前遗址考古调查与研究任务。在2016～2018两年间，由其领队的项目组一行，长足重阜的土丘、涓流的溪畔，登临孤独的岛屿、无垠的海滩，一点点地核查1958年登录的2处、1987年又发现的27处史前文化遗址现状，一处处数不尽艰辛地排查是否还有史前文化遗迹幸存，硬是活生生地新发现了32个史前遗址之文化内涵，表明在霞浦全域除盐田乡外的7镇5乡皆有史前人类活动轨迹之史实存在。其中，分布在山区的有39处，散布于滨海和海岛的各12处。特别是位于6个岛屿的12处史前人类活动遗迹的发现，其文化内涵的年代又多是早于山区和滨海之新石器时代晚期遗址，甚至在小西洋岛新石器时代遗址的夹砂红衣陶胎内观察到炭化稻壳痕迹。这些都实实在在是至为难得的成果。

在拜读了现为福建工程学院教授吴卫著的《先秦时期的霞浦》新书文稿后，真是道不尽的喜悦。

该书扼要归纳了霞浦区域的地理特点与史前时期环境变迁，简要回顾了60多年来开展的文物普查对霞浦史前文化遗址的发现，以及围绕黄瓜山文化遗址进行的一鸣惊人的考古发掘与取得的研究成果，图文并茂地全面阐述了霞浦史前遗址的分布状况、年代序列与文化内涵，就闽东沿海史前文化涉及的生业经济、技术水平、社会意识等方面展开了深入探讨，提出了作者对黄瓜山文化时期的闽台交流、黄瓜山文化与南岛语族的起源与扩散关系等思考所得，无疑是部富有霞浦海洋文化底色的史前文化研究力作，颇值一读。

当然书中亦存在一些需要补充完善之点。诸如，处于青铜时代的霞浦，相关文化遗址与遗物明显较新石器时代成倍增长，反映出的相应文化面貌、经济形态、社会结构等方面的研究成果，有待深入阐明。

当前，随着高科技应用、跨学科合作、中外交流等形式多样的考古调查与研究活动日益常态化，霞浦以其滨海的特殊地理生态环境，黄瓜山遗址、屏风山遗址为代表的丰富史前文化遗存资源，势必成为闽台史前文化同源、南岛语族起源、史前农业传播链等重要课题的考古研究热土，了解闽东沿海乃至福建史前海洋文化的重要窗口。

期盼有更多的研究佳作问世。勉以为序。

郑国珍

2021 年 10 月 11 日

目　　录

插 图 目 录

图 版 目 录

第一章　区域自然环境概述

霞浦县位于福建省东北部，东西宽约 60 千米，南北长约 70 千米，陆地面积 1489.6 平方千米，海域面积 29592.6 平方千米。下辖 3 个街道，即松城街道、松港街道和松山街道；12 个乡镇，即牙城镇、三沙镇、沙江镇、溪南镇、长春镇、下浒镇、柏洋乡、盐田畲族乡、北壁乡、海岛乡、崇儒畲族乡、水门畲族乡。

第一节　地理特点①

霞浦县地理位置为北纬 26° 25′～27° 9′，东经 119° 46′～120° 26′，东濒东海，西接福安市，北邻福鼎市和柘荣县，西南与宁德市、罗源县和连江县隔海相望，整体呈背山面海的态势。县境属于中亚热带季风湿润气候区，年平均气温 16～19℃。全年以东南风为主导风向，沿海地区以东北风、西南风为主，有明显的季风特点。

全县地形整体上西北高，东南低，大致呈三级阶梯走势。北部和西北部的山地区构成第一级阶梯，由低山、丘陵和山间盆地、谷地构成，以山地为主。其中位于柏洋乡的“目海尖”海拔 1192.4 米，是县境内最高峰。中部的丘陵和平原区构成第二级阶梯，由低山、丘陵和丘陵间盆地、谷地构成，其中丘陵占绝对优势。东南部

---

① 本节内容主要参考自福建省霞浦县地方志编纂委员会:《霞浦县志》，方志出版社，1999 年，第 90～108 页。

沿海地区为第三级阶梯，以半岛和岛屿花岗岩类丘陵为主，少数低山、平原、滩涂、盆地等，花岗岩类丘陵占绝对优势。

全县海岸线长度 480 千米，海岸线曲折率达 1∶10，居福建省各沿海县（市）的首位，因此沿海天然港湾众多，主要有“两洋三湾四港”。“两洋”分别是东吾洋和官井洋；“三湾”即三沙湾、福宁湾和牙城湾；“四港”则指三沙港、东冲港、吕峡港和盐田港。此外沿海大小岛屿 196 个，亦为福建全境之首。众多的岛屿中，约 15 座有人居住，分别是牙城镇的虎屿；三沙镇的烽火岛和北澳岛；沙江镇的竹屿岛；溪南镇的木屿、长腰岛和东安岛；下浒镇的雷江岛；西洋乡的西洋岛、小西洋岛、北礵岛、南礵岛、浮鹰岛、马刺岛、魁山岛。这些岛屿的地形以低矮丘陵为主，受风蚀影响严重，普遍土壤层薄，植被少，岩石多。

境内水系密集，呈树枝状分布，河流大多发源于北部和西北部山区，于东南部入海。境内干流长 1 千米以上的河流有 24 条，多年平均径流量 13.38 亿立方米。主要河流有杯溪、罗汉溪（崇儒）、七都溪（牙城镇）以及长溪三河，总流域面积 635.2 平方千米，干流长 134.5 千米。又以杯溪流域面积最广，约 285 平方千米；干流最长，约 56.5 千米。

第二节　史前环境变迁

全新世是地质时代的最新阶段，开始于约 11.7kaB.P. 并持续至今。其开始的标志是第四纪冰期的第一次亚冰期（新仙女木事件）结束，气候开始转暖。人类也恰好在此时迈过旧石器时代进入新石器时代。大量的环境考古研究显示，全新世的气候环境变迁往往与古文化的兴衰更替有着密切的关联。因此，在认识霞浦乃至闽东沿海地区的史前遗址的分布特点及其文化内涵之前，也有必要对该区域史前环境的变迁情况有所了解。

长期以来学者们借助植物孢粉分析、沉积环境分析和^{14}C测年等方式对全新世以来闽东沿海地区环境变迁情况进行了比较全面的研究，基本揭示了全新世以来区域内的气候波动、植被演变及海平面变化的过程。

在位于马祖列岛西南的亮岛上发现的岛尾遗址群是目前闽东沿海地区也是福建沿海地区已知最早的新石器时代遗址（约8.3ka～7.5kaB.P.），而最晚的青铜时代文化的年代被认为是西周晚期至春秋早期（约2.7kaB.P.）。因此本章所讨论的时间框架也就限定在约9ka～2.7kaB.P.。

一、气候与植被变迁

从全新世的气候分期来看，上述9ka～2.7kaB.P.这个时间框架大致跨越了北方期（约9.5ka～7.5kaB.P.）、大西洋期（约7.5ka～5kaB.P.）和亚北方期（约5ka～2.7kaB.P.）三个时期。

对霞浦和福州两处的地质钻孔获得土样的孢粉进行分析后可以看到，在约9ka～2.7kaB.P.，闽东沿海地区的气候和植被也经历了三次演变：在约8.8kaB.P.时，孢粉组合为栲属－柯属－松属－里白属，植被为南亚常绿针叶－阔叶混交林，反映了温暖稍干的气候；在约5.1kaB.P.时，孢粉组合为杜英属－红树类－常绿栎－狗脊蕨，植被为南亚热带常绿阔叶林，反映了温暖湿润的气候；在约3.1kaB.P.时，孢粉组合为常绿栎－栲属－蒿属－里白属，植被为中亚热带南部常绿阔叶林，反映了温凉略干的气候[①]。这三次气候演变的时间与上述三个气候期的时间是基本吻合的。但这仅是一个宏观的认识，实际上在这三个时期内还发生过若干次小规模的气候波动，这是我们需要进一步了解的。

---

① 陆继军:《闽北沿岸晚第四纪孢粉组合、古植被和古气候》,《海洋地质与第四纪地质》1994年第1期。

相较于闽东沿海北部地区，位于南端的闽江下游流域积累了目前福建沿海地区环境变化相对最丰富的研究成果。若以此作为参考，就可以把闽东沿海地区的环境变迁描述得更精确一些。

通过对闽江河口全新世地层孢粉的研究和分析，目前已基本形成了对闽江下游流域全新世各时期气候变化的认识。在北方期，区域内孢粉组合为栎属－栲属－水龙骨科，其中“阔叶树花粉占51.6%，常绿树花粉减少，水龙骨科、里白属等蕨类孢子占27.9%，草本花粉以禾本科为主，并出现喜凉的油杉、铁杉、杉科、柏科植物”，显示气温有所降低。进入大西洋期后，本区域内“常绿阔叶树花粉以3∶2的优势高于落叶树花粉，蕨类孢子少但种类繁杂，气候暖热湿润”。但在5.7ka.B.P.左右的海退黏土层中，“孢粉为栲属－松属－栎属－水龙骨科组合，阔叶树尤其是常绿阔叶树花粉锐减，气候温凉偏干”[①]。古气候记录表明，约5.5kaB.P.，在全国范围内发生过一次被称作“仰韶中期的寒冷期”的气候突变事件，表现为大范围的降温和干旱[②]。这一事件在本区域内也有所反映，并一直持续到大西洋期结束。进入亚北方期后，约5ka～4kaB.P.的植被“仍以栲、栎等常绿树为主，但混生大量落叶栗树，尚有少量落叶栎和桦等生长，部分地域生长暖性松树。下层植物以水龙骨科蕨类为主，里白科较多，金毛狗、桫椤等热带蕨类以及柃属等常绿灌木减少，红树林逐渐退出本区，以至消失，草本仍为香蒲、眼子菜等水生植物。此时气候温暖略干”。4ka～2.7kaB.P.则以“栲和常绿栎为主，落叶树种较上一时期减少，有大片松林生长。下层植物为生长繁盛的里白科等蔗类以及禾本科等草本植物，红树

---

① 王珏：《闽江河口区晚更新世以来的自然环境变化》，《台湾海峡》1990年第1期。

② 施雅风：《中国全新世大暖期气候与环境的基本特征》，《中国全新世大暖期气候与环境》，海洋出版社，1992年。

科植物重新出现。气候为热暖湿润”①。但同时我们也注意到，在5ka～4kaB.P.后期出现的“柃属常绿灌木减少，红树林逐渐退出本区，以至消失”反映的是气温下降的趋势，而对福建海岸泥地沉积物的研究也发现，3.8kaB.P.左右东亚冬季风变弱且不稳定②。由此带来的直接影响便是降水减少。而孢粉分析也显示在长江下游河口地区4.8ka～3.8kaB.P.和4kaB.P.前后温度的相对降低③，这恰好与4.2kaB.P.左右又一次以降温和干旱为特征的全国范围的气候突变事件相对应。从而可推论此次气候事件在本区域的持续时间约为4.2ka～3.8kaB.P.，尔后气温再度回升，约3.1kaB.P.左右又出现一次幅度相对较小的降温过程，持续到约2.5kaB.P.结束。

综上所述，在9ka～2.7kaB.P.闽东沿海地区先后经历了七次较明显的气候波动，其顺序依次为：温凉偏干（9ka～7.5kaB.P.）→温暖湿润（7.5ka～5.7kaB.P.）→温凉偏干（5.7ka～5kaB.P.）→温暖偏干（5ka～4.2kaB.P.）→温凉偏干（4.2ka～3.8kaB.P.）→热暖湿润（3.8ka～3.1kaB.P.）→温暖湿润（3.1ka～2.7kaB.P.）。

二、海平面波动

根据对福鼎、霞浦、宁德、罗源、福州等地地质钻孔获得的沉积物分析，目前学界已基本上形成了对闽东沿海全新世以来海平面变化走势的认识（图1-1）。

---

① 吴学忠：《福州马尾全新世孢粉组合及其地质意义》，《福建地质》1993年第4期。

② Liu S F, Shi X F, Liu Y G, et al. Records of the East Asian winter monsoon from the mud area on the inner shelf of the East China Sea since the mid-Holocene. *Chinese Science Bulletin,* 2010, 55(21): 2306-2314.

③ 张芸、朱诚、史威：《上海马桥地区全新世中晚期气候变化、海面变化和古洪水》，《海洋科学》2002年第1期；刘浴辉、孙霞、郭彩青：《中国全新世4.2kaBP气候事件及其对古文明的影响》，《地质科技情报》2013年第1期。

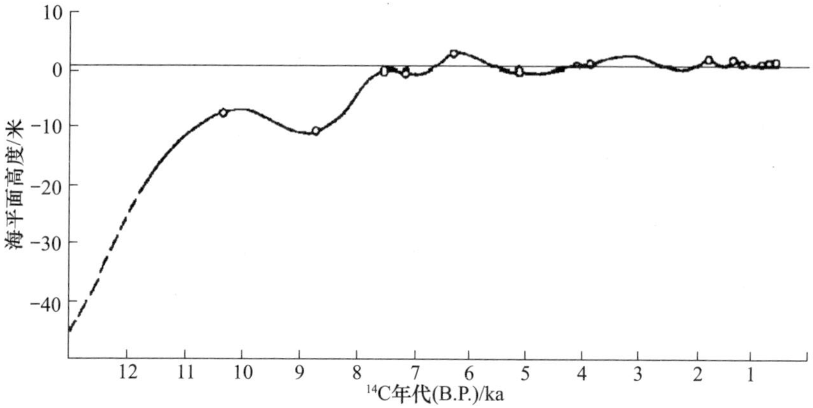

图 1-1　闽东沿海全新世以来的海平面变化[①]

从图 1-1 中可以看出，在本书所讨论的约 9ka～2.7kaB.P.，闽东沿海的海平面经历了三次较显著的波动周期。第一次波动始于约 13kaB.P. 发生的“长乐海进”的第二阶段，即从约 9kaB.P. 起海平面快速上升，于 7.5kaB.P. 左右达到高峰，接近现今的海平面高度，随后小幅回落。第二次波动在 7kaB.P. 左右开始，海平面再次上升，并在约 6kaB.P. 达到全新世以来的最高峰，高于现今海平面约 4 米，之后海平面再次回落。第三次波动发生在约 5kaB.P.，海平面又一次缓慢上升，并在约 3kaB.P. 达到高峰，超过现今的海平面约 2 米。约 2.7kaB.P. 海平面逐渐回落并基本维持在现今水平[②]。总体而言，海平面的波动周期与气候变化周期是基本一致的。

① 引自曾从盛：《闽东北沿海晚第四纪海侵与海面变动》，《福建师范大学学报（自然科学版）》1997 年第 4 期。本图略有修改。

② 曾从盛：《闽东北沿海晚第四纪海侵与海面变动》，《福建师范大学学报（自然科学版）》1997 年第 4 期。

第二章　考古研究历程回顾

霞浦县史前考古工作起步于20世纪50年代末，至今已走过60余年。在几代考古工作者的辛勤努力下，目前已初步探索出新石器时代末期至青铜时代本地区史前文化的面貌、内涵及年代框架和演变序列。丰富的史前考古资源及长期积累的研究成果不仅令霞浦成为认识闽东地区[①]史前文化的重要窗口，而且也令霞浦成为研究福建史前海洋文化的重点区域之一。回顾60余年来的探索历程，可以大致分为20世纪50～70年代、20世纪80～90年代及21世纪前20年这三个发展阶段。

第一节　20世纪50～70年代

20世纪50～70年代是包括霞浦县在内整个闽东地区史前考古的起步阶段。中华人民共和国成立之初，百废待兴。1953年"一五"计划开始后，全国各行各业都掀起了生产的高潮。在农业生产建设上，由于常常涉及挖渠、修坝、开荒、筑路、平整土地等活动，地上地下文物被破坏的现象屡有发生。为了令地方各级既不影响生产，又能够使文物得到保护，国务院于1956年颁布了《关于在农业生产建设中保护文物的通知》，首次提出文物普查和建立文物保护单位的制度，并由此发起了第一次全国文物普查。这次文

① 广义上的闽东地区包括今福州市与宁德市两地，狭义的闽东地区则专指宁德市。本书所讨论的闽东地区意指后者。

物普查历时3年多，于1959年结束。在此期间，为争取提前完成福建全省的普查任务，1958年，经当时的福建省文化局和福安专署研究后决定抽调各县文教工作者联合组成“闽东文物普查工作队”,对包括霞浦县在内的闽东地区①进行了历时2个月的调查。此次调查共发现24处史前文化遗址，其中在霞浦县境内首次发现了2处遗址。限于当时对福建省史前文化的认识尚处在初期阶段，调查者只能按照采集陶片性质的不同将这些遗址分为“纯硬陶”“硬陶和彩陶共存”“硬陶和釉陶②共存”三类,并将其内涵都笼统地归入“印纹硬陶文化系统”。其中霞浦的“牙城乡后山村浮山头”遗址属于“硬陶和彩陶共存遗址”，而“溪边江西岭头龙山”遗址则被划入“纯硬陶遗址”③。尽管此次调查存在若干缺憾,但作为闽东地区的首次考古调查活动，仍然留下了一批十分重要的调查资料和研究线索。此外，通过这次考古调查，参加者们也注意到闽东地区的彩陶遗址为省内最多这一特殊现象。

第一次全国文物普查结束后，除了在闽江下游流域对包括昙石山遗址、庄边山遗址、溪头遗址等几处新石器时代重要遗址进行考古发掘，以及在闽侯、闽清等县开展了零星的小流域考古调查外④，包括闽东地区在内的全省绝大部分地区的史前考古工作都进入了一个基本停滞的时期，这一局面一直持续到20世纪70年代结束。

---

① 当时的闽东地区除包括今宁德市外，还有连江县、罗源县和长乐县。

② 此处的釉陶即原始瓷。

③ 曾凡、黄炳元:《闽东新石器时代遗址调查简报》,《考古》1959年第1期；前者即国家文物局主编的《中国文物地图集·福建分册》第761页第16条所记载的浮山头遗址，后者因记载的地名和位置均较模糊，无法查考。

④ 福建省昙石山遗址博物馆:《闽江下游流域史前遗址考古调查与研究》，科学出版社，2017年，第7、34页。

第二节 20世纪80～90年代

进入20世纪80年代后，霞浦县的史前考古工作快速复苏并进入一个新的发展阶段。这一阶段霞浦县通过参加第二次全国文物普查工作新增了一批遗址点，充实了对区域内史前文化研究的资料线索，其中最重要的是黄瓜山遗址的发现以及随之开展的考古发掘。以黄瓜山遗址命名的闽东地区第一个考古学文化——黄瓜山文化也在此阶段得到学界的确认。

1981年1月15日，《国务院批转国家文物事业管理局关于加强文物工作的请示报告》中要求："各省、市、自治区要分别情况进行一次文物普查或文物复查工作。"从而拉开了第二次全国文物普查的序幕。1982年国家文物局在全国文物（文化）局长会议上布置开展文物普查和文物志编写工作。第二次全国文物普查旋即在各省陆续开展。这次文物普查至1989年基本结束，前后历时近10年，相较于第一次全国文物普查，这次不论是在调查范围还是在细致程度上都有较大的提升，因此在史前遗址的调查方面收获也更为丰富。就霞浦县而言，境内新发现28处史前遗址①，其中尤以黄瓜山遗址的发现及随后围绕其展开的一系列考古发掘和研究活动所产生的影响最为深远。

黄瓜山遗址位于霞浦县沙江镇小马村西面，是一座平面近似马鞍形的孤立山冈，海拔约50米。1987年首次发现时，在接近山顶的东南、西和北三面坡地上可见成层的贝壳堆积。调查中采集了较多的石器、陶器标本，为闽东地区当时发现的唯一一处贝丘遗

① 国家文物局主编：《中国文物地图集·福建分册》，福建省地图出版社，2007年，第760、761页。

址[①]。在该遗址发现伊始，考古工作者们就意识到其重要性。为进一步了解该遗址的文化内涵，在报经国家文物局批准后，福建省博物馆文物考古研究所于1989年秋至1990年春对黄瓜山遗址进行了第一次考古发掘，这是闽东地区的第一次，也是迄今为止规模最大的一次史前考古发掘活动，总面积996平方米（图2-1、图2-2）。此次考古发掘的领队为林恭务先生，参加的发掘者还有范雪春、吴秀华、赵荣娣、林繁德、黄亦钊等。这次考古发掘除了出土大量陶器、石器和骨器外，还发现了若干灰坑、灶坑和干栏式建筑的柱洞等遗迹（图2-3、图2-4）。通过对这些材料的研究，考古工作者明确了黄瓜山遗址遗存的文化内涵和特征，主要包括：①以平面为梯形的弓背石锛为特色的有段石锛类型；②泥质陶在陶器中占据较大比例，且橙黄陶大量存在；③存在大量使用黑色和赭色颜料的施衣陶和彩陶，彩陶普遍采用线条构成的几何纹饰，如方格纹、云雷纹、斜线三角纹等。尽管黄瓜山遗址的这类遗存早前在闽侯的昙石山遗址、庄边山遗址，福清的东张遗址等遗址的发掘中就已被注意到其与昙石山文化存在较大的差异，且被予以区分，并因此产生出“庄边山上层类型”“东张中层类型”等称谓，但正是因为闽东地区第二次全国文物普查的成果显示这类遗存在该区域内最为集中，而黄瓜山遗址不仅处于这类遗存分布的中心区域，而且遗存丰富，文化内涵单纯又极具代表性，因此在由林恭务先生执笔的发掘报告中，首次提出将这一类新石器时代末期的遗存统一称为“黄瓜山类型”或“黄瓜山文化”[②]。“黄瓜山文化”的提法很快为学界所接受，闽东地区的第一个考古学文化也由此诞生。

---

① 范雪春：《霞浦黄瓜山遗址调查简报》，《福建文博》1984年第1、2期合刊。

② 福建省博物馆：《福建霞浦黄瓜山遗址发掘报告》，《福建文博》1994年第1期。

图 2-1　黄瓜山遗址第一次发掘现场

图 2-2　黄瓜山遗址的地层剖面

图 2-3　黄瓜山遗址的柱洞遗迹

图 2-4　黄瓜山遗址的灶坑遗迹

第三节　21世纪前20年

进入21世纪以来，福建的史前考古研究进入了一个新的发展阶段。其特点主要有两个：其一，科技考古的技术、理念和方法被引进并得到较快速的应用，如浮选法、植硅体分析法、碳氮同位素分析法、区域调查法等；其二，研究的视野大大扩展，不仅跨过海峡与我国台湾地区的考古同行建立起交流渠道，而且进一步向南太平洋地区延伸，加入国际学术界对南岛语族起源与扩散的研究中。在这样的背景下，于2001年产生了福建省第一个国际合作的考古研究项目——“航海术·新石器时代台湾海峡的交流与南岛语族的起源”，合作双方分别为我国福建博物院、美国哈佛大学人类学系及夏威夷大学人类学系。该项目分别选取了代表福建沿海新石器时代早期阶段的平潭壳丘头遗址、中期阶段的东山大帽山遗址以及晚期阶段的霞浦黄瓜山遗址这三处最具史前海洋文化特色、文化内涵保存也最完整的遗址进行小规模的考古发掘，目的是为研究上述遗址较为准确的年代范围、生业经济形态和跨海峡区域交流等问题提取各类科学测试样品和标本。2002年5～6月，双方联合对黄瓜山遗址进行了第二次考古发掘。这次发掘规模较小，总面积24平方米，领队仍然是林恭务先生，参加人员有范雪春、焦天龙和高绍萍。这次考古发掘一方面仍严格遵照国内常用的田野操作规程进行；另一方面则积极尝试西方考古学的一些新方法，如对重点地层和遗迹单位的土壤进行了浮选，在各层采集炭样用于^{14}C年代测定，在各层提取土样进行孢粉、植硅石的分析与测试，以及对出土的部分陶片和石器标本进行地球化学成分分析等。相同的尝试也应用在壳丘头遗址和大帽山遗址的考古发掘中。毫不夸张地说，这三处遗址的发掘实为开福建科技考古的先河，其采用的方法在之后全省各地的史前遗址考古发掘中都得到不同程度的应用，尤其在几次重大考古发现中都发挥了关键的作用。就黄瓜山遗址及黄瓜山文化研究而言，2002 年的考古发掘首先解决了黄瓜山文化的年代框架问题。借助 ^{14}C 测年技术确定了黄瓜山文化的年代约为距今 4300～3500 年，是福建沿海新石器时代最晚期的考古学文化。其年代下限与昙石山文化的年代上限衔接良好，符合早前关于二者存在一定传承关系的推测，从而完成了建立福建沿海新石器时代文化序列的关键一环。其次，中美学者基于年代框架的确定，以及台湾地区西海岸同时期的芝山岩文化、牛稠子文化以及凤鼻头文化中也发现与黄瓜山文化十分相似的彩陶，指出海峡两岸在距今 4300～3500 年仍保持着较密切的联系[①]。

在黄瓜山遗址第二次发掘后，围绕该遗址出土的各类遗存展开的科学研究和分析又断断续续进行了约 10 年的时间，在包括生业经济形态、航海技术及交流路线等问题上取得了颇为显著的进展。这部分内容将在本书的第四章做具体的阐述。

在黄瓜山文化之后，同属福建东部沿海地区的闽江下游流域进入了青铜时代，随着福清东张下湾墓地、福州罗汉山遗址、闽侯芝山遗址等一批青铜时代遗址的发掘，对区域内青铜时代古文化序列的认识不断得到完善[②]。但闽东地区继黄瓜山文化之后的青铜时代文化是如何演变发展的，却一直缺乏较完整的考古学证据。直到 2016 年屏风山遗址的发掘，才为解决这个问题提供了一线曙光。

屏风山遗址位于霞浦县沙江镇古县村西面，于 2008 年第三次全国文物普查期间被发现。虽然同为贝丘遗址，但与黄瓜山遗址很不同的是，屏风山遗址处在一座相对独立、四周陡峭的小山峰上，

---

① 福建博物院：《福建霞浦黄瓜山遗址第二次发掘》，《福建文博》2004 年第 3 期。

② 黄运明：《下湾、黄土仑与罗汉山——闽江下游地区商周时期遗存辨析》，《福建文博》2017 年第 3 期。

海拔也达到165米左右。2016年福建博物院文物考古研究所与霞浦县博物馆联合对遗址进行了小规模的考古发掘，总面积15平方米（图2-5）。此次考古发掘领队为范雪春，参加人员有黄运明、靳建辉、雷谢青、张文鉴等。

图2-5 屏风山遗址发掘现场①

尽管屏风山遗址的发掘面积较小，但收获却很重要。^{14}C测年数据表明，屏风山遗址的主体部分，即第3～5层遗存距今约3700～3500年②；而且出土陶器的特征也与黄瓜山遗址上层遗存基本一致，即以夹砂陶为主，少量泥质陶和硬陶，零星彩陶。由此印证了早前关于黄瓜山文化晚期向青铜时代过渡，并演变为区域内的青铜时代文化的推测。为闽东地区考古学文化序列的建立提供了重要的资料和线索。

---

① 图2-5由黄运明副研究员提供。

② 在发掘报告中提及在第2、3层均出土了原始瓷，表明该遗址还分布着晚至西周时期的青铜时代遗存。

2016年，福建省昙石山遗址博物馆在福建省文物局的支持下启动了“福建沿海史前遗址考古调查与研究（试点）”项目，霞浦县作为三个试点之一率先开始。由笔者担任领队并联合霞浦县博物馆对全县境内展开了考古调查。至2018年调查结束，新发现新石器时代至青铜时代遗址32处。其中对沿海岛屿的调查尚属首次，新发现遗址达12处，填补了长期以来对霞浦境内史前遗址分布情况认识的一个重要空白。

第三章　史前遗址的分布情况

截至本书完成之时，霞浦县境内已知新石器时代至青铜时代的史前遗址共计63处，其中29处系1987年第二次全国文物普查期间发现。目前除盐田畲族乡尚未有遗址发现外，其余各乡镇均有不同数量的遗址分布（图3-1），其中柏洋乡4处、牙城镇7处、松城镇9处、水门畲族乡5处、三沙镇1处、崇儒畲族乡11处、溪南镇4处、沙江镇9处、长春镇2处、下浒镇1处、北壁乡1处、海岛乡10处。

第一节　柏洋乡和牙城镇

一、柏洋乡

柏洋乡位于霞浦县西北部山区，距县城22.9千米。下辖柏洋、长岩、林洋、车下、郑家山、陈墩、谢墩、董墩、洋中、大岭、阮洋、坑口、周厝坑、吴洋、横江、坂头、前宅、西宅、柘头、南山后、凤洋、禅洋、黄土丘、塔后、西坑、后垄、洋里、戴家山28个行政村，212个自然村，面积约174.6平方千米[①]。地貌以河谷盆地为主，境内主要河流是柏洋溪。共发现遗址4处。

1. 下丕山遗址

位于柏洋乡洇口村东500米。地理位置为北纬27° 3′ 21.42″，

---

① 本书所涉及霞浦县各乡镇的概况均参考自《霞浦县志》。

图 3-1 霞浦县史前遗址分布图

1～4. 柏洋乡（下丕山遗址、官路下遗址、坪岗山遗址、陈厝陇遗址） 5～11. 牙城镇（浮头山遗址、万宝山遗址、后山遗址、井洋遗址、岭口遗址、炮台岗遗址、田湾遗址） 12～20. 松城镇（村西遗址、半山岭遗址、后山遗址、犁头山遗址、墓斗遗址、老蛇山遗址、宝清山遗址、黄竹峰遗址、龙车寺遗址） 21～25. 水门畲族乡（官山冈遗址、牛鼻山遗址、下徐遗址、金山仔遗址、桥头遗址） 26. 三沙镇（协澳遗址） 27～37. 崇儒畲族乡（岗头遗址、溪边遗址、后门山遗址、茶岗山遗址、下村后遗址、郑家山遗址、墓头山遗址、三尾垄遗址、溪西水库 A 地点、溪西水库 B 地点、沙坑遗址） 38～46. 沙江镇（黄瓜山遗址、后仓遗址、青龙寺遗址、后井遗址、坡头山遗址、厚首遗址、屏风山遗址、葛洪山遗址、后门山遗址） 47～50. 溪南镇（草头山遗址、龟山遗址、后门山遗址、龙岗遗址） 51、52. 长春镇（竹屿遗址、加头遗址） 53. 下浒镇（小西洋岛遗址） 54. 北壁乡（澳里遗址） 55～64. 海岛乡（北礌遗址、园下遗址、可门岛遗址、大王澳 A 地点、大王澳 B 地点、大王澳 C 地点、贵澳遗址、风门澳遗址、武澳遗址、魁山岛遗址）

东经 119° 52′ 17.02″。海拔约 520 米，相对高度约 10 米，遗址面积约 100 平方米。系一不规则形低矮丘陵，山顶较平坦开阔，植被较密。四面坡度较缓，柏洋溪自南向北从遗址东面山脚下流过（图 3-2）。1987 年首次发现时采集有网格纹灰硬陶片等（图 3-3）。青铜时代。

图 3-2　下丕山遗址（北—南）

2. 官路下遗址

位于柏洋乡洇口村南 100 米。地理位置为北纬 27° 3′ 9.18″，东经 119° 52′ 1.58″。海拔约 521 米，相对高度约 20 米，遗址面积约 400 平方米。系一不规则形低矮山丘，山顶较平坦开阔，植被较密。四面坡度较缓，距遗址

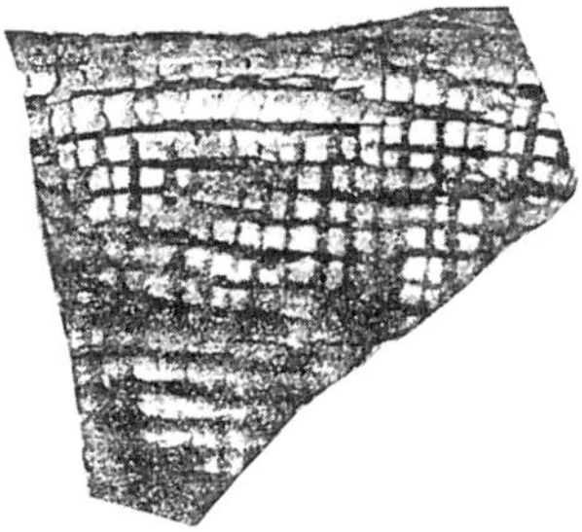

图 3-3　下丕山遗址采集陶片纹饰拓片

东南约 100 米正对柏洋溪“几”字形河曲顶部（图 3-4）。1987 年首次发现时采集有石锛和泥质灰陶片、灰硬陶片等，纹饰有雷纹、网格纹等（图 3-5），可辨器形有壶、罐等。青铜时代。

官路下：1，石锛，灰黄色泥质岩。平面呈长方形，横截面呈椭圆形。残长 3.9、宽 3.2、厚 1.5 厘米（图 3-6）。

图 3-4　官路下遗址（南—北）

图 3-5　官路下遗址采集陶片纹饰拓片

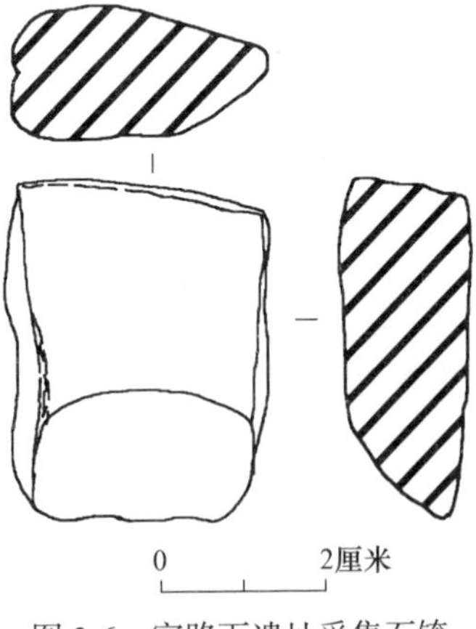

图 3-6　官路下遗址采集石锛
（官路下：1）

3. 坪岗山遗址

位于柏洋乡陈墩村东北约 100 米。地理位置为北纬 27° 2′ 34″，东经 119° 51′ 10″。海拔约 540 米，相对高度约 30 米，遗址面积约 1000 平方米。系一座相对独立的不规则形山冈，西南—东北走向。山体植被茂密，山顶较为平坦，西坡、南坡较缓，东坡、北坡较陡。有溪流自西向东环绕山体西、南、东三面流过（图 3-7）。1987 年首次发现时采集有石锛、石镞、砺石；陶片有夹砂红陶、泥质灰陶、黑衣陶、灰硬陶等，纹饰有条纹、雷纹、凸棱纹、黑彩条纹、回纹等，可辨器形有罐、豆、釜等。新石器时代至青铜时代。

坪岗山：1，石锛，灰黄色泥质岩。平面近似长方形，横截面近似梯形，刃部崩损。残长 5.4、宽 3.3、厚 2.1 厘米（图 3-8，1）。

坪岗山：2，石锛，平面近似梯形，横截面近似梯形，刃部崩损。残长 8.5、宽 4.3、厚 1.4 厘米（图 3-8，2）。

坪岗山：3，陶罐口沿，侈口，圆唇，折腹处起棱。饰彩绘条纹、十字纹、圆点纹等。口径 28、残高 8.6 厘米（图 3-8，3）。

图 3-7　坪岗山遗址（东南—西北）

坪岗山：4，陶罐口沿，直口，尖唇，折腹。饰彩绘交叉条纹。口径16、残高2厘米（图3-8，4）。

坪岗山：5，陶罐口沿，直口，圆唇。外部饰彩绘细条纹，内部饰彩绘粗条纹。口径16、残高2.8厘米（图3-8，5）。

坪岗山：6，陶罐口沿，敛口，尖唇。饰彩绘交叉条纹。残高4.5厘米（图3-8，6）。

坪岗山：7，彩陶腹片。饰彩绘细条纹。残高4.5厘米（图3-8，7）。

坪岗山：8，彩陶腹片。饰彩绘条纹。残高5.3厘米（图3-8，8）。

坪岗山：9，彩陶腹片，折腹。外部及内部饰彩绘条纹。残高6.4厘米（图3-8，9）。

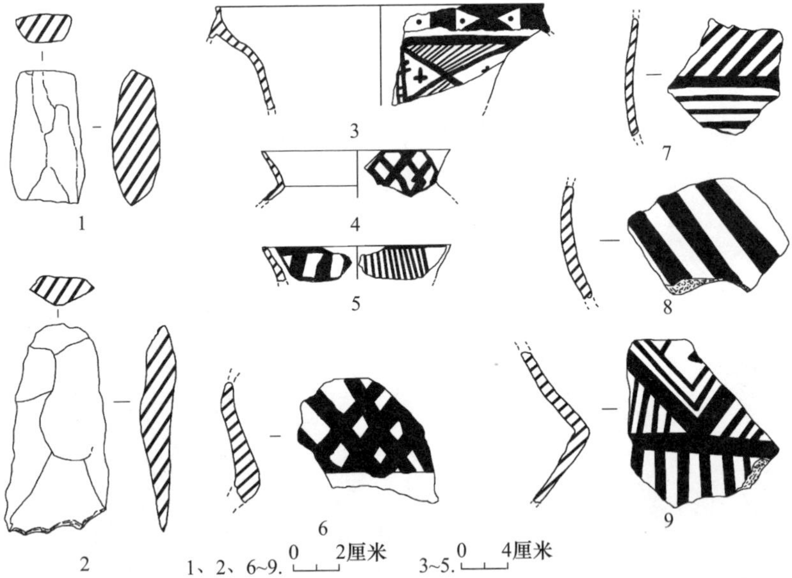

图3-8　坪岗山遗址采集石器与陶器

1、2. 石锛（坪岗山：1、坪岗山：2）　3～6. 陶罐口沿（坪岗山：3、坪岗山：4、坪岗山：5、坪岗山：6）　7～9. 彩陶腹片（坪岗山：7、坪岗山：8、坪岗山：9）

4. 陈厝陇遗址

位于柏洋乡洋里村陈厝陇西约200米。地理位置为北纬27° 4′ 3″，东经119° 56′ 35″。海拔约530米，相对高度约30米，遗址面积约4000平方米。系河谷盆地中间一组西北—东南走向连绵低矮丘陵的东北部山冈。柏洋溪自西北向东南从西侧山脚下蜿蜒流过，南侧山腰有一条连接洋里村和陈厝陇的水泥路，山脚下还有一条连接壩边村和洋里村的水泥路（图3-9）。1987年首次发现时采集有石锛和打制石片等。青铜时代。

图3-9　陈厝陇遗址（南—北）

二、牙城镇

牙城镇位于霞浦县东北部，距县城21.9千米。北及东北部与福鼎市毗连，东南濒牙城湾，西邻水门乡，南接三沙镇，行政区域108.9平方千米。下辖牙城、前街、洪山、斗门、梅花、一层、文洋、后洋、敖岭、后山、箩伍、枣岭、东街头、田家心、龙亭、杨家溪、前楼、茶坑、雉溪、渡头、凤门、凤阳、凤楼、凤江、西门

25个行政村和1个牙城街道。地貌分山间谷地和河口海湾两种类型，境内主要溪流为牙城溪。共发现遗址7处。

1. 浮头山遗址

位于牙城镇后山村东南，地理位置为北纬27° 2′ 14.28″，东经120° 10′ 0.49″。海拔约186米，相对高度约30米，遗址面积约3600平方米。系一座相对独立的不规则形山冈，西北—东南走向。山顶较为平坦开阔，四面坡度较缓，有杨家溪自北向南从西侧山下流过（图3-10）。1958年首次发现时尚未正式命名。1987年第二次全国文物普查对该遗址进行复查时采集有网格纹灰硬陶片和残石器等。青铜时代。

图3-10　浮头山遗址（西—东）

2. 万宝山遗址

位于牙城镇后山村西北600米，地理位置为北纬27° 2′ 32.56″，东经120° 9′ 36.55″。海拔约175米，相对高度约50米，遗址面积约2000平方米。系一座相对独立的椭圆形山冈，大致呈东西走向。山顶较为平坦开阔，南坡和西坡较缓，北坡和东坡较陡。有杨家溪及其支流分绕东侧和北侧山脚流过（图 3-11）。1987 年首次发现时采集陶片有夹砂黑陶、灰硬陶等，纹饰有雷纹、网格纹等（图 3-12）。青铜时代。

万宝山：1，石锛，灰黄色泥质岩。平面呈长方形，横截面近似椭圆形，刃部崩损。残长 4.5、宽 2.2、厚 0.7 厘米（图 3-13）。

图 3-11　万宝山遗址（北—南）

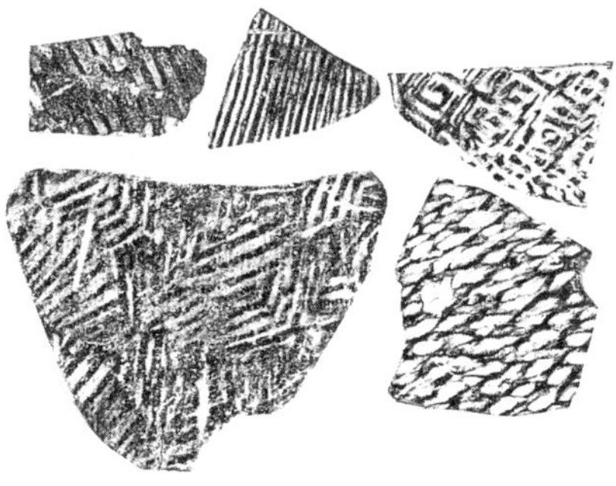

图 3-12　万宝山遗址采集陶片纹饰拓片

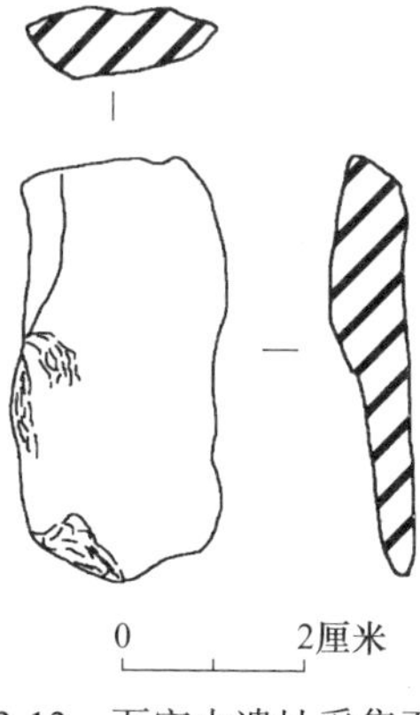

图 3-13　万宝山遗址采集石锛
（万宝山：1）

3. 后山遗址

位于牙城镇后山村北 200 米，地理位置为北纬 27° 2′ 33.13″，东经 120° 9′ 55.72″。海拔约 188 米，相对高度约 50 米，遗址面积约 4 万平方米。系一相对独立的葫芦形山冈，南北走向。山顶较平坦开阔，西坡和南坡较陡，北面和东面较缓。有杨家溪自北向南从西侧山下流过（图 3-14）。1987 年首次发现时采集有石锛和灰硬陶片等，纹饰有雷纹、网格纹等，可辨器形有罐、尊等。2017 年福建省昙石山遗址博物馆对遗址进行了复查，采集到零星陶片和石锛。青铜时代。

图 3-14　后山遗址（东—西）

后山：1，石锛，灰黄色泥质岩。平面近似梯形，横截面近似椭圆形。残长 9.4、宽 3.3、厚 1.7 厘米（图 3-15，1）。

后山：2，石锛，黄绿色泥质岩。平面近似长方形，横截面近似三角形，单面刃，刃部残损。残长 7.4、宽 5.5、厚 3.2 厘米

（图 3-15，2）。

后山：3，石锛，黄绿色泥质岩。平面近似长梯形，横截面近似梯形，单面刃。残长 6.4、宽 1.7～3、厚 1.5 厘米（图 3-15，3）。

后山：4，石锛，黄绿色泥质岩。平面近似长方形，横截面近似三角形，单面刃。残长 3.2、宽 2.6、厚 1.6 厘米（图 3-15，4）。

后山：5，石镞，黑色石质，磨制精细。锋部和铤部均残，平面呈长菱形，横截面亦为长菱形。残长 2.2、两翼宽 1.7 厘米（图 3-15，5）。

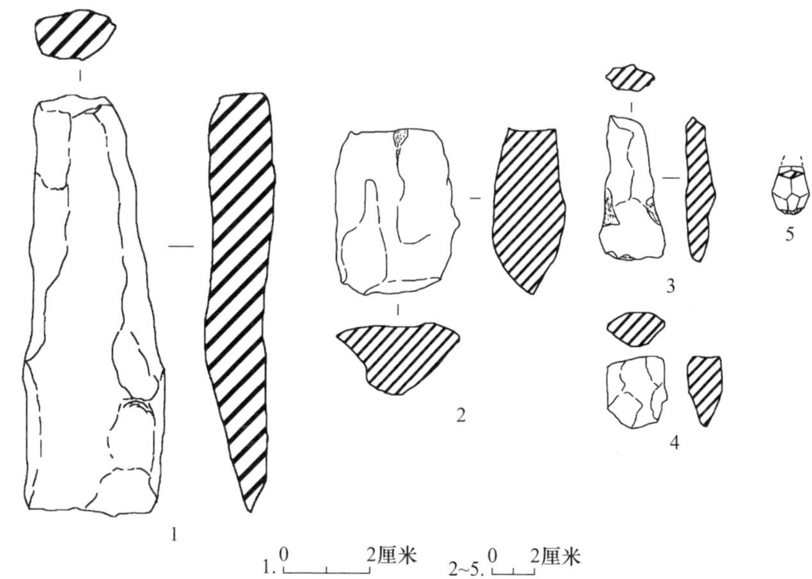

图 3-15　后山遗址采集石器

1～4. 石锛（后山：1、后山：2、后山：3、后山：4）　5. 石镞（后山：5）

4. 井洋遗址

位于霞浦县牙城镇后山村东南约 1000 米。地理位置为北纬 27° 01′ 40″，东经 120° 10′ 14″。海拔约 215 米，相对高度约 30 米，遗址面积约 800 平方米。系一座相对独立的平面近似椭圆形的山冈。顶部平坦开阔，四面坡度较低缓。山体大部分已被开垦用于种植茶树，仅东北部还留有一片灌木林。有一条杨家溪的支流自西北向东南绕北侧和东侧山脚流过。距遗址西侧约 100 米处有通往牙城镇的公路自北向南蜿蜒经过（图 3-16）。2017 年首次发现时，仅在山顶和东坡采集到石锛 2 件。青铜时代。

图 3-16　井洋遗址（西—东）

井洋：1，石锛，泥质凝灰岩。平面呈梯形，单面刃，磨制粗糙，刃部微崩损。长 7.5、宽 2.8～4.7、厚 1.7 厘米。

5. 岭口遗址

位于霞浦县牙城镇岭口村西南约 500 米。地理位置为北纬 27° 11′ 29″，东经 120° 9′ 46″。海拔约 223 米，相对高度约 30 米，遗址面积约 1000 平方米。系大山向东北延伸出的近似长条形的山冈。顶部平坦但略窄，四面坡度较低缓。山体大部分已被开垦用于种植茶树。在北侧山腰有一条通往岭口村的水泥路自东向西经过（图 3-17）。2017 年首次发现时，仅在南坡采集到石锛 1 件。青铜时代。

图 3-17　岭口遗址（东—西）

岭口采：1，石锛，泥质凝灰岩。平面呈长方形，横截面呈长方形，单面刃，通体磨制粗糙，刃大部崩损。残长 11.4、宽 4.5、厚 1.6 厘米。

6. 炮台岗遗址

位于霞浦县牙城镇后山村西南约 100 米。地理位置为北纬 27° 02′ 13″，东经 120° 9′ 45″。海拔约 187 米，相对高度约 25 米，遗址面积约 1500 平方米。系一相对独立的平面近似鱼形的山冈。顶部平坦开阔，西坡、北坡较陡，东坡、南坡较缓。山体大部分已被开垦用于种植茶树，西坡有小部分生长毛竹，北坡灌木较密。东侧山脚下有通往牙城镇的公路自北向南经过，距公路东侧约 50 米有杨家溪自北向南流过（图 3-18）。2017 年首次发现时，在山顶和南坡采集到方格纹灰硬陶 1 片，残石锛 3 件。青铜时代。

炮台岗：1，石锛，灰绿色石质，通体打制后粗磨。平面呈长梯形，横截面近似圆角梯形，单面刃，刃部崩损。长 7.5、宽 2.6～4.2、厚 2 厘米（图 3-19，1）。

图 3-18　炮台岗遗址（东南—西北）

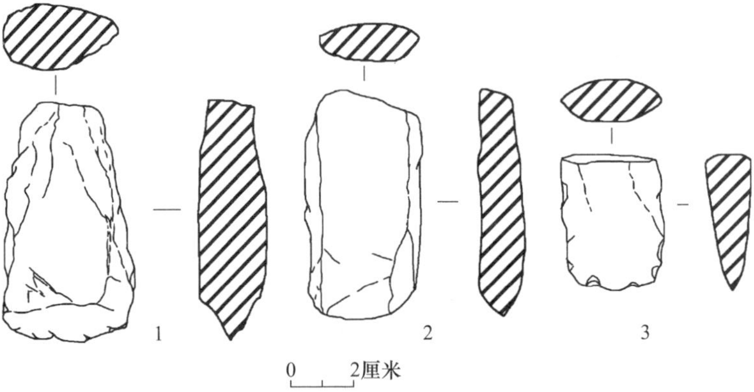

图 3-19　炮台岗遗址采集石器

1、2. 石锛（炮台岗：1、炮台岗：2） 3. 石凿（炮台岗：3）

炮台岗：2，石锛，灰绿色石质，磨制较粗。平面呈长方形，横截面呈圆角梯形，单面刃。长 7.1、宽 3.6、厚 1.1 厘米（图 3-19，2）。

炮台岗：3，石凿，灰绿色石质，通体打制后粗磨。平面呈长方形，横截面呈橄榄形，双面刃。长4.2、宽3.3、厚1.5厘米（图3-19，3）。

7. 田湾遗址

位于霞浦县牙城镇文洋村东南约500米。地理位置为北纬27° 00′ 06″，东经120° 10′ 13″。海拔约198米，相对高度约20米，遗址面积约2000平方米。系一相对独立，平面近似椭圆形的山冈。顶部开阔但略凸，竖立一座高压输电塔，四面坡度较缓。山体大部分已被开垦用于种植茶树。通往牙城镇的公路绕山体北、西、南三侧山脚而过（图3-20）。2017年首次发现时，在西坡发现零星陶片。共采集陶片8片，其中方格纹灰硬陶1片，原始瓷7片（素面1片、曲折纹6片）（图3-21）。青铜时代。

图3-20　田湾遗址（西—东）

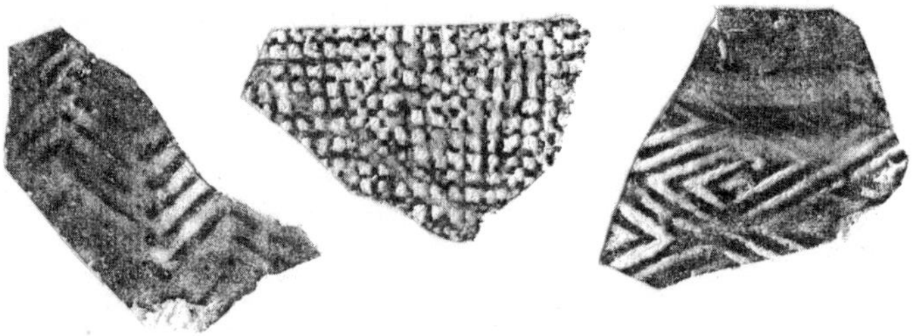

图 3-21　田湾遗址采集陶片纹饰拓片

第二节　松城镇①、水门畲族乡和三沙镇

一、松城镇

松城镇为霞浦县城驻地。下辖万贤、集贤、龙贤、兴贤、俊贤、俊星、中乘、松兴、城北、龙津、西关、彩虹 12 个社区居委会和青福、墓斗、涌山、马洋、宝清、七宝洋 6 个行政村，面积约 62 平方千米。2003 年松城镇被拆分为松城街道和松港街道，2019 年又新设松下街道，但历年发现的遗址均集中在今松城街道辖内，共 9 处。

1. 村西遗址

位于松城街道丁步头村西面，地理位置为北纬 26° 52′ 46.84″，东经 119° 58′ 28.26″。海拔约 53 米，相对高度 20 米，面积约 600 平方米。系大山向西南延伸出的一道近似葫芦形山冈的前半部分。山顶较平，植被茂密，东面坡度较缓，西、南两面较陡。有溪流自西向东从南侧山脚下流过（图 3-22）。1987 年首次发现时采集有石锛等。青铜时代。

① 本书为行文考虑，仍以原松城镇为区域单元进行介绍。

图 3-22　村西遗址（南—北）

村西：1，石锛，青灰色石质，通体打制后粗磨。平面近似长方形，横截面近似圆弧形，单面刃。长 6.2、宽 3.1、厚 1.4 厘米（图 3-23）。

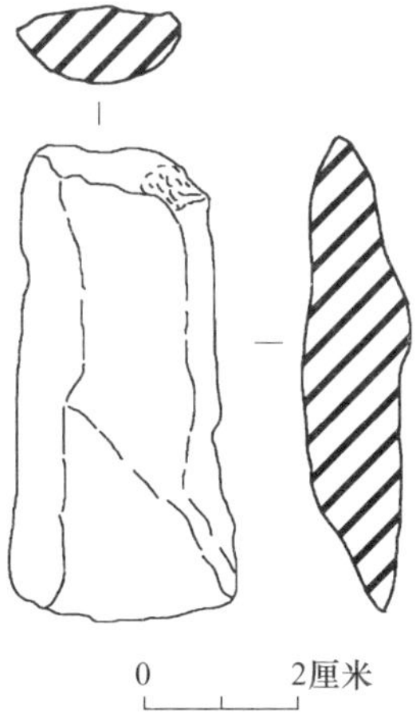

图 3-23　村西遗址采集石锛（村西：1）

2. 半山岭遗址

位于松城街道墓斗村东北 500 米，地理位置为北纬 26° 52′ 14.68″，东经 119° 57′ 56.40″，海拔约 50 米，相对高度 30 米，面积约 5500 平方米。系墓斗山北麓，老蛇山遗址西南一处不规则形山冈。山顶凸起，视野较开阔，东、西两侧较陡，北坡较缓，山体现已开辟为茶山（图 3-24）。1987 年首次发现时采集有硬陶片。2021 年复查时在东坡发现零星陶片（图 3-25）和石器。青铜时代。

图 3-24　半山岭遗址（东北—西南）

图 3-25　半山岭遗址采集陶片纹饰拓片

半山岭：1，石锛，平面近似长方形，横截面近似椭圆形，正面中下部及刃部残损。残长 6.1、宽 3.8、厚 2 厘米（图 3-26，1）。

半山岭：2，砺石，灰色砂岩。平面呈长方形，横断面呈长方形，一面中部有椭圆形磨制痕迹。残长 9.3、宽 6.9、厚 3.4 厘米（图 3-26，2）。

3. 后山遗址

位于松城街道浦宫村东南侧，地理位置为北纬 26° 51′ 40.89″，东经 119° 58′ 31.37″，海拔约 43 米，相对高度约 25 米，遗址面积约 700 平方米。系大山向西北延伸出的一道近似长条形山冈。山顶较平，植被茂密，南北两侧较缓，西侧略陡。距西侧山脚约 300 米有溪流自西南向东北流过（图 3-27）。2019 年调查时采集有残石锛和零星陶片。青铜时代。

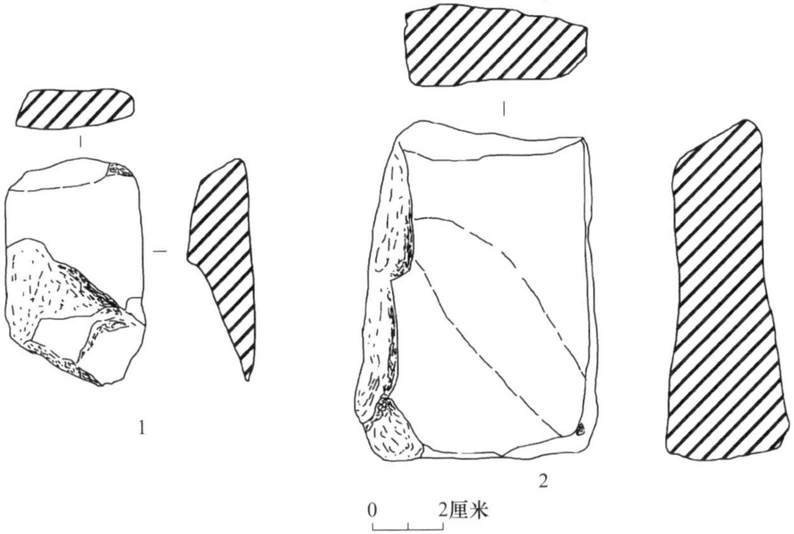

图 3-26　半山岭遗址采集石锛
1. 半山岭：1　2. 半山岭：2

图 3-27　后山遗址（西—东）

后山：1，石锛，黄绿色石质，通体打制后粗磨。平面近似长方形，横截面近似梯形，单面刃，刃部残损严重。残长 5.2、宽 2.9、厚 1.8 厘米（图 3-28，1）。

后山：2，陶器口沿，夹砂灰黑陶。斜直口，尖唇。残高 2.1、宽 4 厘米（图 3-28，2）。

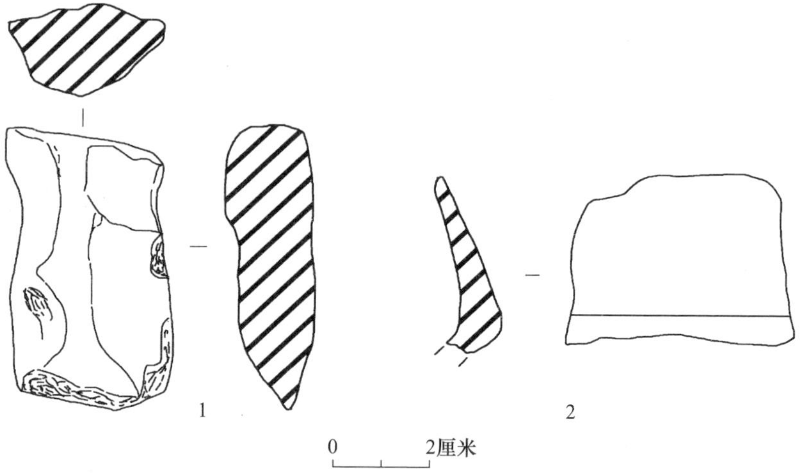

图 3-28　后山遗址采集石器与陶器

1. 石锛（后山：1）　2. 陶器口沿（后山：2）

4. 犁头山遗址

位于松城街道外墓斗村北 100 米，地理位置为北纬 26° 52′ 13.11″，东经 119° 58′ 15.50″，海拔约 25 米，相对高度约 10 米，遗址面积约 200 平方米。系墓斗山向东北延伸出的近似犁头形山冈。山顶植被茂密，东、西、北三面坡度较缓。距东侧山脚约 400 米有溪流自西南向东北流过（图 3-29）。1987 年首次发现时采集有石锛等。青铜时代。

犁头山：1，石锛，灰黄色泥质岩。平面呈长方形，横截面呈椭圆形，刃部崩损。残长 5.7、宽 2.8、厚 1.4 厘米（图 3-30）。

图 3-29　犁头山遗址（东—西）

5. 墓斗遗址

位于松城街道墓斗村北，地理位置为北纬 26° 51′ 58.88″，东经 119° 58′ 9，海拔 36 米，相对高度约 18 米，遗址面积约 300 平方米。系墓斗山东麓一道坡地。山顶植被茂密，南北两侧坡度较缓，东侧较陡。距东侧山脚约 200 米有溪流自西南向东北流过（图 3-31）。1987 年首次发现时采集有石锛和夹砂灰陶片、灰硬陶片（图 3-32），可辨器形有釜、罐等。青铜时代。

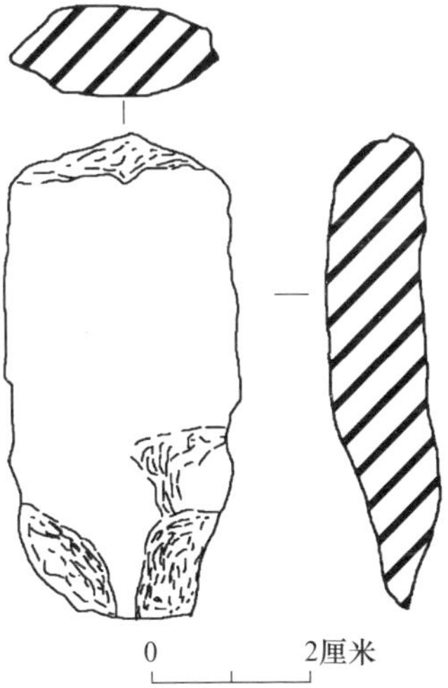

图 3-30　犁头山遗址采集石锛
（犁头山：1）

图 3-31　墓斗遗址（南—北）

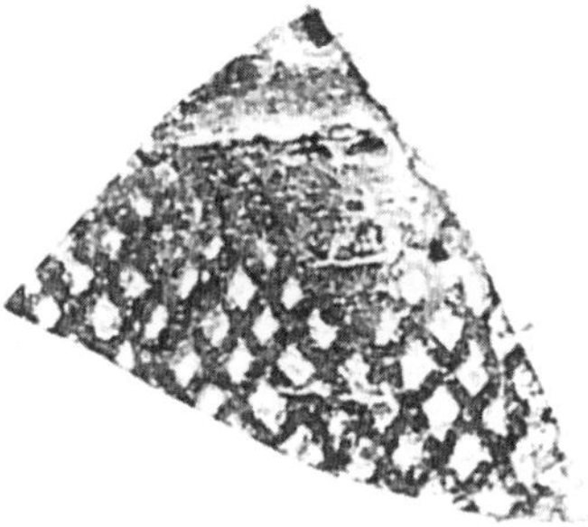

图 3-32　墓斗遗址采集陶片纹饰拓片

6. 老蛇山遗址[①]

位于松城街道墓斗村南 500 米，地理位置为北纬 26° 52′ 23.40″，东经 119° 58′ 5.55″。又名无墘山遗址。海拔约 33 米，相对高度约 18 米，遗址面积约 20000 平方米。系一座相对独立的不规则形低矮丘陵。东、西、南侧较低缓，北侧略陡，有溪流自西向东从北侧经过。遗址目前被沈海高速公路分割成南北两个部分（图 3-33）。1987 年首次发现时采集有石锛与黑彩条纹、菱格纹泥质红陶片，雷纹、网格纹硬陶片（图 3-34），可辨器形有罐、尊、釜、鼎等。新石器时代至青铜时代。

老蛇山：1，石镞，灰紫色火成岩。平面呈菱形，截面呈扁菱

① 经考证，老蛇山遗址即《福建省文物集》中记载的无墘山遗址。

形，通体磨制，锋尖及周边崩损。残长 2.9、宽 1.9、厚 0.5 厘米（图 3-35，1）。

图 3-33　老蛇山遗址（南—北）

图 3-34　老蛇山遗址采集陶片纹饰拓片

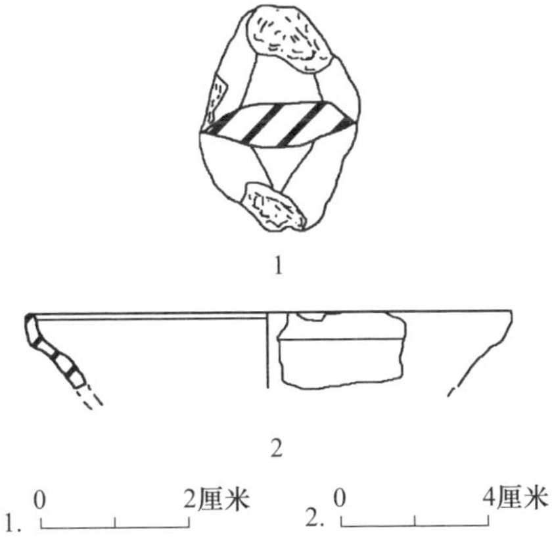

图 3-35　老蛇山遗址采集石器与陶器
1. 石镞（老蛇山：1）　2. 陶器口沿残片（老蛇山：2）

老蛇山：2，口沿残片，泥质灰黄陶。敛口，圆唇。素面。口径 13、残高 1.9 厘米（图 3-35，2）。

7. 宝清山遗址

位于松城街道王坛村东北约 1300 米。地理位置为北纬 26° 51′ 58″，东经 119° 59′ 36″。海拔约 287 米，相对高度约 270 米，遗址面积约 1500 平方米。系大山向东北延伸出的一座圆形高大山冈。顶部较平坦，四面坡度较陡，东北面可俯瞰整个县城。山体植被较密，以低矮灌木和杂草为主。一条通往遗址山顶的水泥公路从西侧山腰自南向北蜿蜒而上，在接近山顶部分变为土路（图 3-36）。2017 年首次发现时，在西坡和北坡发现少量陶片，并在北坡断坎上发现文化层堆积（图 3-37），具体情况为：第 1 层为表土层，土色灰黄，厚约 40 厘米；第 2 层为文化层，土色呈黄褐色，厚 40～50 厘米，内含红烧土块和少量陶片；第 3 层为生土层，土

图 3-36　宝清山遗址（西南—东北）

图 3-37　宝清山遗址文化层堆积

呈红色。共采集陶片 60 片。其中夹砂红陶 2 片，夹砂灰黑陶 8 片，夹砂灰黄陶 13 片，夹砂褐陶 3 片，均为素面，灰硬陶 30 片（素面 3 片、方格纹 15 片、云雷纹 7 片、凸弦纹 4 片、刻划纹 1 片），黑衣陶 3 片（素面 2 片、条纹 1 片），条纹赭衣陶 1 片（图 3-38、图 3-39）。另采集砺石 1 件、石锛 1 件。青铜时代。

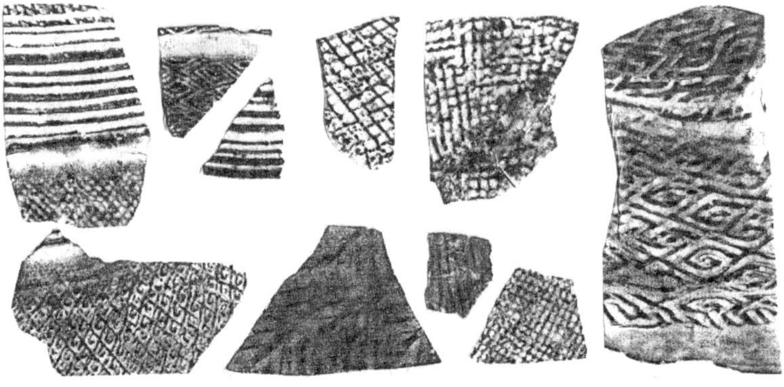

图 3-38　宝清山遗址采集陶片纹饰拓片

图 3-39　宝清山遗址采集陶片

宝清山：1，石锛，灰黑色石质，平面近似长方形，横截面近似长方形，脊部隆起，单面刃，顶部右侧已崩损。长 4.6、宽 2.7、厚 0.8 厘米。

8. 黄竹峰遗址

位于松城街道王坛村东北约 1000 米，宝清山遗址西南约 300 米。地理位置为北纬 26° 51′ 54″，东经 119° 59′ 25″。海拔约 270 米，相对高度约 255 米，遗址面积约 2000 平方米。系大山向东北延伸出的一座圆形山冈。顶部较平坦，南坡和西坡较陡，北坡和南坡较缓。山体植被较密，种植了大量柚子树。通往宝清山遗址的水泥公路从南侧山腰自西向东蜿蜒而上（图 3-40）。2017 年首次发现时，在坡地发现零星陶片。2020 年复查时共采集陶片 16 片，其中夹砂灰黄陶 3 片，素面，灰硬陶 13 片（方格纹 8 片、云雷纹 3 片、凹弦纹 1 片、刻划网格纹 1 片）（图 3-41）。青铜时代。

图 3-40　黄竹峰遗址（东—西）

图 3-41　黄竹峰遗址采集陶片纹饰拓片

9. 龙车寺遗址

位于松城街道墓斗村西约 230 米，龙车寺东南约 100 米。地理位置为北纬 26° 51′ 40.83″，东经 119° 57′ 58.86″。海拔约 55 米，相对高度约 30 米，遗址面积约 5000 平方米。系大山东南山脚的延伸出的一处不规则形台地。顶部较平坦，北、南、东坡较缓和西坡较陡。西侧有一条通往龙车寺的水泥路（图 3-42）。2021 年复查时在台地上发现零星陶片和石器，陶片多为灰硬陶，少量夹砂陶，纹饰有方格纹、云雷纹、曲折纹等（图 3-43）。

图 3-42　龙车寺遗址（东南—西北）

图 3-43　龙车寺遗址采集陶片纹饰拓片

龙车寺：1，石锛，灰黄色石灰岩。平面近似长方形，端部较尖，截面近似正方形，刃部崩损，呈尖头状。残长8.7、宽2.9、厚2.1厘米（图3-44；图3-45，1）。

龙车寺：2，石锛，灰色石灰岩。平面呈长方形，横截面近似梯形，刃部崩损。残长5.4、宽4.3、厚1.7厘米（图3-45，2）。

龙车寺：3，罐口沿，夹砂灰陶。敛口，圆唇。素面。残高3.8厘米（图3-45，3）。

图3-44　龙车寺遗址采集石锛
（龙车寺：1）

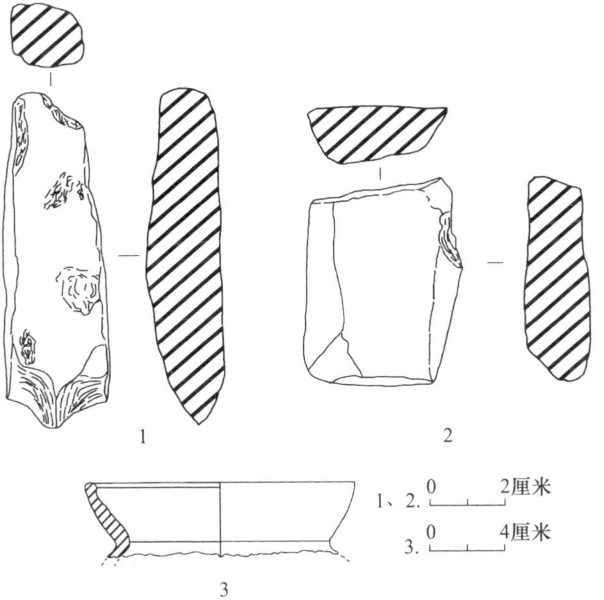

图3-45　龙车寺遗址采集石器与陶器
1、2. 石锛（龙车寺：1、龙车寺：2）3. 陶罐口沿（龙车寺：3）

二、水门畲族乡

水门畲族乡位于县境东北部，东邻牙城镇，东南与三沙镇毗连，西及西南与柏洋、崇儒、州洋乡接壤，北与福鼎市交界，下辖水门、青岙、墩后、茶岗、高盘、芦阳、大洋、武坪、里洋、半岭、湖里、桥头、承天、八斗丘、水井头、小竹湾、长湖、上洋、玉山、百笕、大淏、大平、七斗岔等 23 个村行政区域，面积 149.6 平方千米。地貌以丘陵为主。共发现遗址 5 处。

1. 官山冈遗址

位于水门畲族乡官山村。地理位置为北纬 26° 58′ 49.91″，东经 120° 3′ 53.69″。海拔约 340 米，相对高度约 45 米，遗址面积约 3000 平方米。系大山向东南延伸出的一道长条形山冈，山顶较平坦，视野开阔，山体部分已开辟为茶山。东、西、南三面坡度较缓，有溪流自北向南从东侧山脚流过（图 3-46）。1987 年首次发现时采集有残石器，陶片有夹砂黑陶、灰硬陶，纹饰有网格纹、席纹（图 3-47），可辨器形有罐、釜等。青铜时代。

图 3-46　官山冈遗址（东南—西北）

2. 牛鼻山遗址

位于水门畲族乡溪宅村西北 400 米。地理位置为北纬 26° 58′ 39.53″，东经 120° 3′ 24.56″，海拔约 351 米，相对高度约 50 米，遗址面积约 400 平方米。系一相对独立的近似牛头形山冈。山顶较平坦，视野开阔，东侧和北侧较缓，南侧和西侧较陡。有桐油溪自西南向东北从东侧山脚下流过，另有一条县道穿过遗址中部（图 3-48）。1987 年首次发现时采集有石凿等。青铜时代。

图 3-47　官山冈遗址采集陶片纹饰拓片

牛鼻山：1，石锛，灰黄色砂岩。平面呈梯形，横截面近似长方形。残长 8.4、宽 3.3、厚 2.6 厘米（图 3-49）。

图 3-48　牛鼻山遗址（东—西）

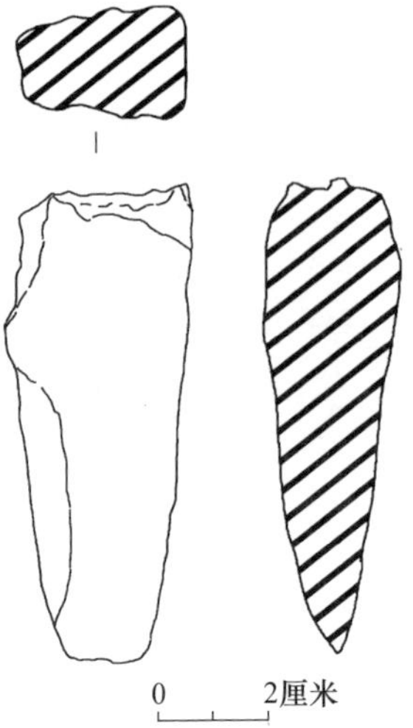

图 3-49　牛鼻山遗址采集石锛（牛鼻山：1）

3. 下徐遗址

位于水门畲族乡下徐村西。地理位置为北纬 26° 59′ 38.42″，东经 120° 3′ 46.89″，海拔约 323 米，相对高度约 20 米，遗址面积约 2000 平方米。系一相对独立的近似椭圆形山冈。山顶平坦开阔，四面坡度低缓。有溪流自西北向东南从东侧山脚下流过（图 3-50）。1987 年首次发现时采集有残石器、石锛等。青铜时代。

图 3-50　下徐遗址（西南—东北）

4. 金山仔遗址

位于霞浦县水门畲族乡玉山村西南约 100 米。地理位置为北纬

26° 59′ 30″，东经 120° 3′ 45″。海拔约 318 米，相对高度约 15 米，遗址面积约 1000 平方米。系一座相对独立的平面近似方形的山冈。顶部较平坦开阔，四面坡度较低缓。山体植被较密，以种植茶树为主。东侧山脚下一条通往乡政府的公路自北向南经过，距离公路东面不到 100 米，有溪流自北向南蜿蜒流过（图 3-51）。2017 年首次发现时，在山顶和南坡发现零星陶片，并在东坡发现文化层堆积（图 3-52），具体情况为：第 1 层为表土层，土色偏红；第 2 层为文化层，土呈红褐色，内含红烧土颗粒和炭屑；第 3 层为生土层。共采集陶片 2 片。其中灰硬陶 1 片，饰条纹；原始瓷 1 片，素面。另采集石锛 1 件、石凿 1 件。青铜时代。

金山仔：1，石锛，灰白色石质，通体磨制。平面呈圆角长梯形，横截面为橄榄形，双面刃。刃部外弧，略有缺损。长 11.2、宽 5、厚 3 厘米（图 3-53，1）。

图 3-51　金山仔遗址（东—西）

图 3-52　金山仔遗址文化层堆积

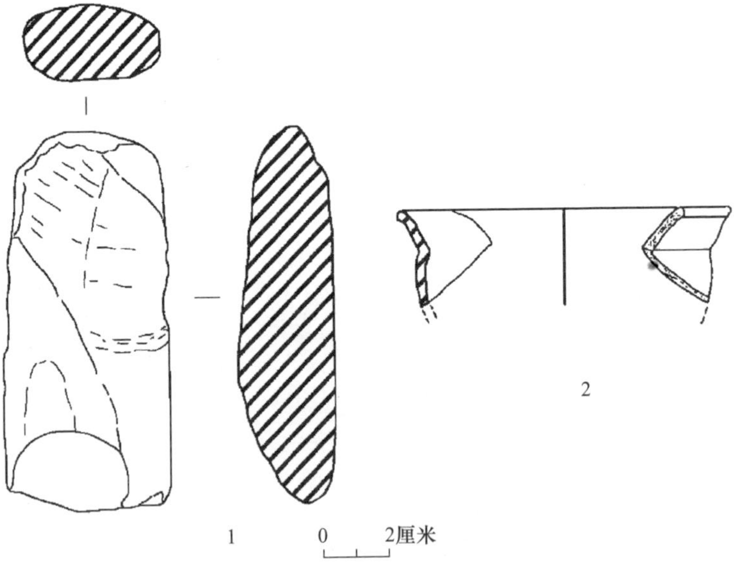

图 3-53　金山仔遗址采集石器与陶器

1. 石锛（金山仔：1）2. 陶罐口沿（金山仔：2）

金山仔：2，罐口沿，灰硬陶。侈口，束颈，圆唇。素面。口径 10、残高 2.8 厘米（图 3-53，2）。

5. 桥头遗址

位于霞浦县水门畲族乡桥头村东面约 200 米。地理位置为北纬 26° 54′ 32″，东经 120° 4′ 25″。海拔约 193 米，相对高度约 5 米，遗址面积约 1200 平方米。系一座相对独立的平面近似圆形的低矮山冈。顶部较平坦，四面坡度较低缓。山体植被较密，以种植茶树为主。南侧山脚下一条通往桥头村的公路自东向西经过，在公路以南约 100 米，有溪流自西向东流过（图 3-54）。2017 年首次发现时，在东坡断坎上发现零星陶片（图 3-55）。共采集陶片 22 片，其中夹砂红陶 21 片，灰硬陶 1 片，均为素面。青铜时代。

图 3-54　桥头遗址（东—西）

图 3-55 桥头遗址地层包含的夹砂陶片

三、三沙镇

三沙镇地处县境东北沿海的突出部分，北、东、南三面环海，西面连接陆地，海岸线长达 40 千米。下辖中心社区、五澳社区、东澳社区、西澳社区、中心村、五澳村、东澳村、西澳村、三澳村、三农村、金洋村、古镇村、烽火村、陇头村、东山村、浮山村、三坪村、石头鼻村、小皓村、蔡洋村、单斗村、古桶村、虞公亭村、东壁村、大路顶村、八斗村、二坑村、金鸡村、花竹村、青官司村、青官蓝村，共计 4 个社区、27 个行政村，面积约 63.6 平方千米。境内以花岗岩类低山丘陵地形为主。三沙镇共发现遗址 1 处。

协澳遗址

位于霞浦县三沙镇烽火岛东北，协澳村南面约 100 米。地理位置为北纬 26° 55′ 57″，东经 120° 15′ 20″。海拔约 28 米，遗址面积约 500 平方米。系一相对独立的西南—东北向长条形山冈。顶部平坦开阔，东、西坡较陡。山体地表为密集的低矮灌木覆盖，部分被开垦为菜园（图 3-56）。2017 年首次发现时，在北侧山脚下的路面上采集到石锛 1 件。青铜时代。

图 3-56　协澳遗址（北—南）

协澳：1，石锛，青绿色石质，通体磨制精细。平面呈长方形，横截面呈等腰梯形，单面刃，刃部平直，略有缺损。残长 5.3、宽 4、厚 2.8 厘米（图 3-57）。

图 3-57　协澳遗址采集的石锛
（协澳：1）

第三节　崇儒畲族乡

崇儒畲族乡位于福建省霞浦县西北部，距县城 9.9 千米。东邻水门、州洋乡，东南端与松城镇连接，西端抵福安市，西南与盐田乡接壤，北与柏洋乡毗邻。下辖溪边、洋尾兰、路口、溪坪、半路张、崇儒、新村、丘山、霞坪、坪园、上水、郑洋、保安、石亭、笕下、汴洋、岚下、东杞洋、溪西、岙里、东坡、长坑、樟桥、左岭、洋沙溪、濂溪、亭头 27 个行政村，面积约 141.3 平方千米。境内丘陵连绵，丘谷盆地发育，杯溪和罗汉溪均流经境内，共发现遗址 11 处。

1. 岗头遗址

位于崇儒畲族乡崇儒村西南 200 米。地理位置为北纬 26° 56′ 41.53″，东经 119° 55′ 31.25″，海拔约 143 米，相对高度约 25 米，遗址面积约 900 平方米。系大山南麓一座不规则形山冈。山顶植被茂密，少量开辟为果园，东、南两侧较缓，西侧略陡。有崇儒溪支流自西向东从南侧山脚流过，并与自西北向东南流经东侧山脚的崇儒溪汇合后转向东南蜿蜒而下（图 3-58）。1987 年首次发现时采集有残石器等。青铜时代。

2. 溪边遗址

位于崇儒畲族乡崇儒茶场。地理位置为北纬 26° 54′ 27.25″，东经 119° 57′ 42.74″，海拔约 205 米，相对高度约 15 米，遗址面积约 2500 平方米。系大山向东延伸出的一道近似长条形坡地。山顶平坦开阔，南、北、东侧低缓，山体开辟为茶山。南侧山脚下有崇儒溪支流自西向东流过，并与东侧山脚下自北向南流的崇儒溪汇合后蜿蜒向南（图 3-59）。1987 年首次发现时采集有石锛等。2019 年霞浦县博物馆在对遗址复查时采集到零星灰硬陶片。青铜时代。

图 3-58　岗头遗址（西南—东北）

图 3-59　溪边遗址（北—南）

3. 后门山遗址

位于崇儒畲族乡前坡村南。地理位置为北纬 26° 55′ 5.80″，东经 119° 57′ 21.96″，海拔约 207 米，相对高度约 30 米，遗址面积约 800 平方米。系大山向西北延伸出的近似长条形山冈。山顶平坦开阔，主要种植茶树，北、西、南侧坡度低缓。崇儒溪沿西南山脚自西北向东南蜿蜒流过（图 3-60）。1987 年首次发现时采集有石锛等。青铜时代。

图 3-60　后门山遗址（西—东）

后门山：1，石锛，灰黄色泥质岩。平面呈长方形，横截面近似梯形。残长 7.3、宽 2.6、厚 1.7 厘米（图 3-61）。

4. 茶岗山遗址

位于崇儒畲族乡岚下村东南。地理位置为北纬 26° 58′ 44.25″，东经 119° 55′ 43.63″，海拔约 355 米，相对高度约 20 米，遗址面积约 1440 平方米。系大山南麓一座近似椭圆形山冈，山顶略凸，种植茶树，西侧和南侧陡峭，东侧较缓。由崇儒乡通往岚下村的县道绕遗址的南、西、东坡经过（图 3-62）。1987 年首次发现时采集有石锛和泥质灰陶片、网格纹灰硬陶片，可辨器形有罐、壶等。青铜时代。

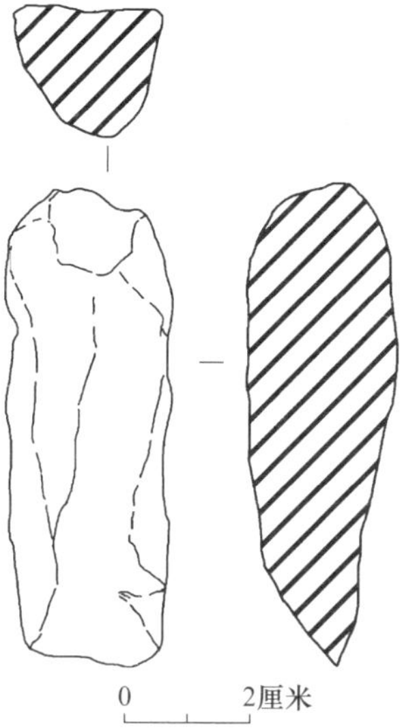

图 3-61　后门山遗址采集石锛（后门山：1）

5. 下村后遗址

位于崇儒畲族乡下村西北。地理位置为北纬 26° 56′ 27.63″，东经 119° 55′ 46.43″，海拔约 160 米，相对高度约 30 米，遗址面积约 800 平方米。系大山向东北延伸出的一条不规则形山

图 3-62　茶岗山遗址（北—南）

冈。山顶较平坦，植被茂密。东、南两侧较缓，北侧较陡。有崇儒溪自北向南从东侧山脚下蜿蜒流过（图 3-63）。1987 年首次发现时采集有石锛和网格纹灰硬陶片，可辨器形有罐。青铜时代。

图 3-63　下村后遗址（东北—西南）

6. 郑家山遗址

位于霞浦县崇儒畲族乡溪边村，紧邻下房自然村西侧，地理位置为北纬 26° 55′ 05″，东经 119° 57′ 30″。海拔约 203 米，相对高度约 10 米，遗址面积约 1000 平方米。系大山向西南延伸出的一个不规则形台地。顶部较平坦开阔，现种植油茶和生姜等作物，东、西、南坡均较低缓。南面山脚下有一条村道经过，约 200 米处有崇儒溪自西北向东南流过（图 3-64）。2017 年首次发现时在台地东侧断坎上发现文化层堆积（图 3-65），具体情况为：第 1 层为耕土层，灰黑色，厚约 30 厘米；第 2 层为文化层，棕褐色土，从地表暴露的情况看似自西向东逐渐变厚，东端最厚处约 50 厘米，文化层包含物为红烧土块和陶片；第 3 层为橙黄色生土层。在台地上采集到数件石锛和少量陶片（图 3-66）。采集陶片 60 片，其中夹砂黑陶

图 3-64　郑家山遗址（南—北）

图 3-65　郑家山遗址疑似柱洞遗迹

3 片、夹砂灰黑陶 2 片、夹砂红陶 3 片、夹砂灰黄陶 1 片，均为素面；泥质素面黄陶 11 片；泥质黑衣陶 34 片（素面 27 片、篮纹 5 片、弦纹 2 片）（图 3-67）；泥质素面赭衣陶 2 片；彩陶 4 片。新石器时代黄瓜山文化。

图 3-66　郑家山遗址采集部分标本

图 3-67　郑家山遗址采集陶器纹饰拓片

郑家山：1，陶罐，泥质灰黄陶，通体施黑色陶衣，部分脱落。侈口，方唇，束颈，肩颈处有绕圈细短斜纹，弧腹，腹部有一道凸棱，口沿内圈有两组椭圆形戳点纹，口径 17、残高 8.8 厘米（图 3-68，1）。

郑家山：2，石锛，青绿色石质。平面呈梯形，单面刃，背部起脊。打制而成，通体磨制粗糙，刃崩损严重。横截面呈三角形。残长 7.2、宽 3.7、厚 2.7 厘米（图 3-66 第 2 行右 4）。

郑家山：3，石锛，灰黑色细砂岩。平面呈梯形，单面刃。通体磨制精细，背微起脊。横截面近似三角形。长 7.1、宽 4.1、厚 2.6 厘米（图 3-66 第 1 行左 3）。

郑家山：4，石锛，青灰色石质。磨制较好。平面呈梯形，单面刃。横截面呈梯形，单面刃。残长 6.6、宽 2.9、厚 1.8 厘米（图 3-66 第 2 行右 3）。

郑家山：5，石锛，青灰色石质。平面呈梯形。打制后通体粗磨，横截面近似长方形。刃部已残失。残长 3.8、宽 5、厚 1.4 厘米（图 3-68，2）。

郑家山：6，石锛，青灰色石质。平面呈梯形，横截面近似梯形。刃部已残失。残长 5.2、宽 4.3、厚 1.7 厘米（图 3-68，3）。

郑家山：7，石镞，黑色石质，通体磨制精细。平面呈柳叶形，横截面呈长菱形，铤部残。残长 3.7、两翼宽 1.9 厘米（图 3-68，4）。

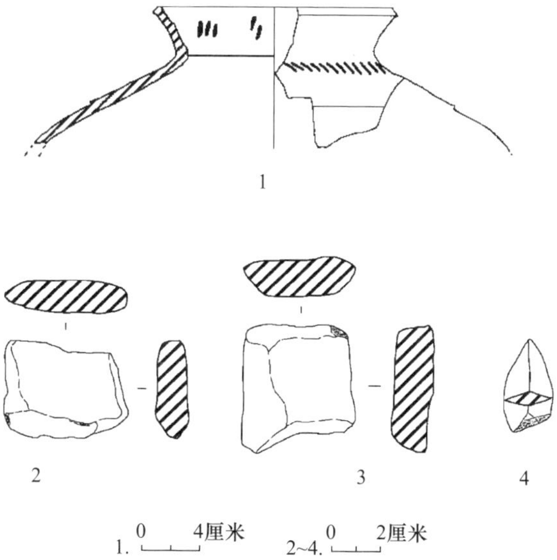

图 3-68　郑家山遗址采集石器与陶器
1. 陶罐（郑家山：1）　2、3. 石锛（郑家山：5、郑家山：6）　4. 石镞（郑家山：7）

7. 墓头山遗址

位于霞浦县崇儒畲族乡前坡村北面约 30 米，西距郑家山遗址约 400 米，地理位置为北纬 26° 54′ 02″，东经 119° 57′ 52.8″。海拔约 205 米，相对高度约 20 米，遗址面积约 500 平方米。系大山向东南延伸出的一条舌形山冈。顶部较平坦开阔，现主要种植毛竹和油茶，东、西、南坡均较低缓。山腰位置有一条村道绕南面和东面经过，崇儒溪自西向东从南侧山脚下流过（图 3-69）。2017 年首次发现时在东坡接近山脚的一处断坎上发现一件原始瓷瓿的残片堆积（图 3-70），并在周边采集到零星陶片。共采集陶片 19 片，其中夹砂素面灰黑陶 1 片、泥质黄陶 6 片、泥质灰陶 2 片，均素面；泥质黑衣陶 1 片，篮纹；原始瓷 9 片（曲折纹 5 片、凹弦纹 1 片、素面 3 片）（图 3-71）。青铜时代。

图 3-69　墓头山遗址（南—北）

墓头山：1，原始瓷豆，仅余底部。灰白色胎质，青黄色釉。矮圈足微外撇。内壁近底处饰数道凹弦纹。足径 3.8、残高 4 厘米（图 3-72）。

图 3-70 墓头山遗址断坎上的原始瓷瓿残片

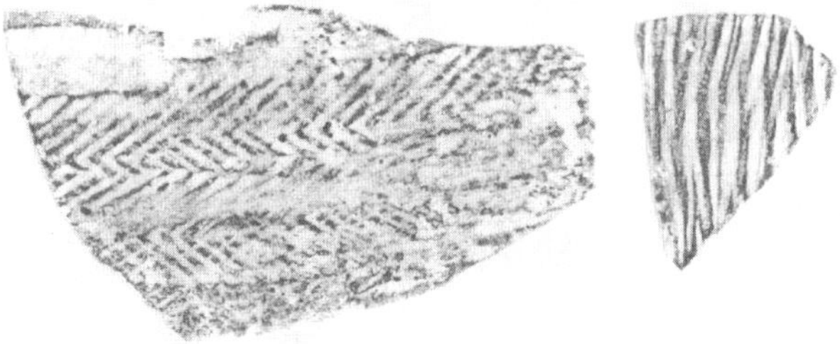

图 3-71 墓头山遗址陶片纹饰拓片

8. 三尾垄遗址

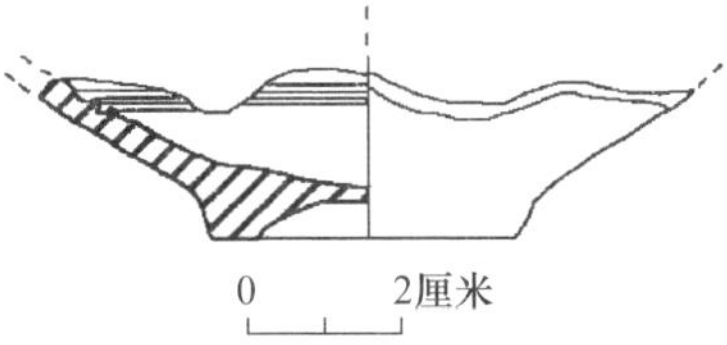

图 3-72 墓头山遗址采集原始瓷豆（墓头山：1）

位于霞浦县崇儒畲族乡前坡村东面约400米，紧邻三尾垄自然村西侧，地理位置为北纬26° 54′ 49″，东经119° 58′ 5″。海拔约216米，相对高度约20米，遗址面积约1200平方米。系大山向西北延伸出的一道近似长条形山冈。顶部较平坦开阔，现主要种植毛竹和油茶，东、西坡均较缓，北坡略陡。有一条通往三尾垄村的村道从北面山脚下经过，还有一条崇儒溪的支流自东向西从北侧山脚下流过（图 3-73）。2017 年首次发现时在山顶东部采集到原始瓷 9 片（素面 3 片、曲折纹 4 片、方格纹 1 片、交错条纹 1 片）（图 3-74）。青铜时代。

图 3-73　三尾垄遗址（南—北）

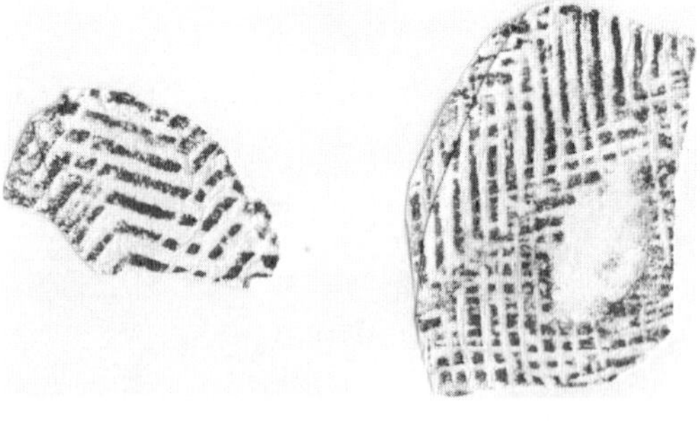

图 3-74　三尾垄遗址采集陶片纹饰拓片

9. 溪西水库 A 地点

位于霞浦县崇儒畲族乡溪西水库西南岸滨，与大坝直线距离约

700 米，地理位置为北纬 27° 1′ 3″，东经 119° 57′ 14″。海拔约 443 米，相对高度约 5 米，遗址面积约 600 平方米。系一相对独立的近似椭圆形大型丘陵的东坡。顶部较平坦开阔，地表因被水长期冲刷而裸露（图 3-75）。2017 年首次发现时在东坡岸滨采集到石锛 2 件、曲折纹原始瓷 1 片、弦纹 + 方格纹组合灰硬陶 1 片（图 3-76）。青铜时代。

图 3-75　溪西水库 A 地点（南—北）

图 3-76　溪西水库 A 地点采集陶片纹饰拓片

溪西水库 A 地点采：1，石锛，灰绿色泥质岩，通体磨制。平面近似长方形，横截面为扁梯形，单面刃，刃部斜直。残长 4.7、宽 3.2、厚 0.8 厘米。

10. 溪西水库 B 地点

位于霞浦县崇儒畲族乡溪西水库西岸，坂头村东南约 600 米，地理位置为北纬 27° 01′ 15.34″，东经 119° 57′ 11″。海拔约 445 米，相对高度约 15 米，遗址面积约 1000 平方米。系一相对独立的近似椭圆形山冈。山顶及四面植被密集，难以勘查（图 3-77）。2017 年首次发现时在东坡和南坡岸滨采集到 3 件石锛。青铜时代。

图 3-77　溪西水库 B 地点（东—西）

溪西水库 B：3，石锛，平面呈长方形，器身较小，扁平。通体磨制精细，单面刃，刃部崩损。长 5、宽 2.4、厚 0.9 厘米。

溪西水库 B：1，石锛，灰绿色泥质岩，通体打制后粗磨。平面近似长梯形，横截面为扁梯形，单面刃，刃部已残。长 7.4、宽

3.9、厚 1.7 厘米（图 3-78，1）。

溪西水库 B：2，石锛，灰绿色泥质岩。通体打制后粗磨，平面近似长梯形，横截面为三角形，刃部已残失。残长 5.1、宽 3.2、厚 1.7 厘米（图 3-78，2）。

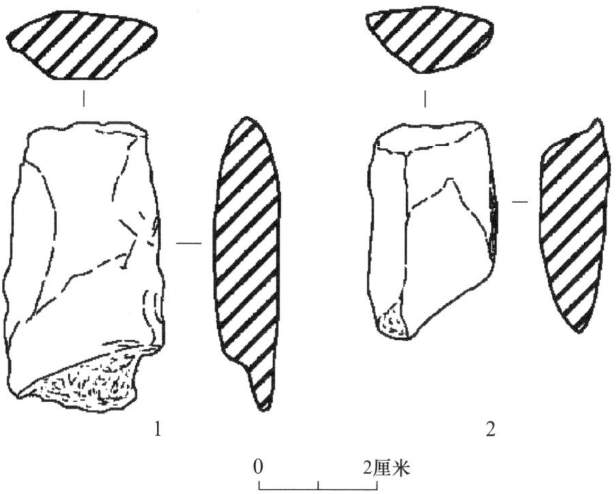

图 3-78　溪西水库 B 地点采集石锛

1. 溪西水库 B：1　2. 溪西水库 B：2

11. 沙坑遗址

位于霞浦县崇儒畲族乡溪西水库东北岸，沙坑村西南约 1000 米，地理位置为北纬 27° 01′ 36.95″，东经 119° 57′ 12.53″。海拔约 450 米，相对高度约 20 米，遗址面积约 1000 平方米。系一相对独立的不规则形山冈。山顶较为平坦开阔，四面坡度较缓，整个山体现已开垦为果园（图 3-79）。2017 年首次发现时，除北坡外在各处均发现零星陶片。共采集陶片 31 片，其中泥质黑衣陶 24 片（素面 21 片、条纹 2 片，贴塑 1 片），几何纹彩陶 4 片，席纹灰硬陶 3 片（图 3-80）；另有残石锛 1 件。新石器时代黄瓜山文化。

图 3-79　沙坑遗址（东北—西南）

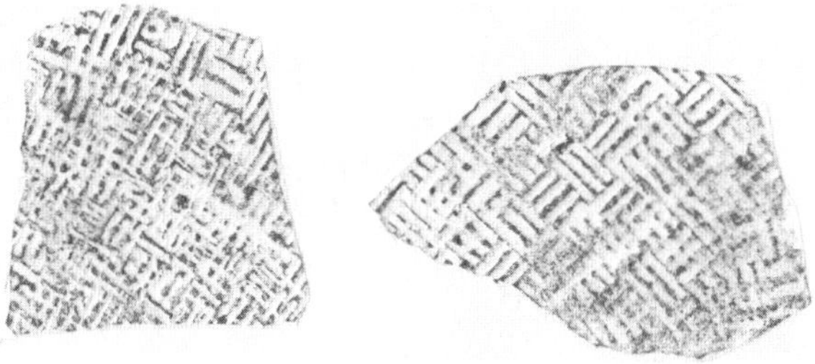

图 3-80　沙坑遗址采集陶片纹饰拓片

第四节　沙　江　镇

沙江镇位于县境中南部，东邻长春乡，南濒东吾洋，西抵盐田港，北接州洋、盐田乡，西南与溪南镇毗邻，下辖沙塘街、沙塘里、古县、大墓里、涵江、沙江、竹江、南屏、小马、梅洋、水潮、厚首、白鹭、围江、大坪、涠头、八堡、龙湾、坡头、炉坑20个行政村和1个沙江街道，面积97.2平方千米。地貌以海岸滩涂和低缓丘陵台地为主。共发现遗址 9 处。

1. 黄瓜山遗址

黄瓜山遗址位于霞浦县沙江镇小马村西北约 400 米，地理位置为北纬 26° 47′ 51.65″，东经 119° 55′ 23″。海拔约 50 米，相对高度约 30 米，遗址面积约 10000 平方米。系一座相对独立的平面略呈马鞍形的山冈。山顶平坦开阔，四面坡度较缓，但山体植被茂密，多为灌木杂草覆盖。东、西两侧山脚下各有小溪流过，在距遗址南侧山脚约 200 米小马村与水潮村之间交汇后，流入东吾洋。在接近山顶的东南、西和北三面坡地上可见成层的贝壳堆积（图 3-81）。1989 年和 2002 年，福建博物院先后对该遗址进行了两次考古发掘，不仅出土了大量陶器、骨器和石器，还发现了灰坑、灶坑、柱洞、水沟等多处遗迹[①]。新石器时代黄瓜山文化。

图 3-81 黄瓜山遗址（西北—东南）

---

① 黄瓜山遗址两次发掘的报告分别发表在《福建文博》1991 年第 1 期和 2004 年第 3 期，本书不再赘述。

2. 后仓遗址

位于沙江镇后仓村东100米，地理位置为北纬26° 48′ 2.23″，东经119° 55′ 47.04″。海拔约50米，相对高度约25米，遗址面积约300平方米。系大山向西南延伸出的长条形山冈。山顶较为平坦开阔，北、西、南坡略陡。有溪流自东北向西南从西侧山脚流过（图3-82）。1987年首次发现时采集有夹砂灰陶片、灰硬陶片等，纹饰有网格纹、雷纹，可辨器形有釜、罐等。

图3-82　后仓遗址（西南—东北）

2002年在黄瓜山遗址第二次考古发掘期间，曾在后仓村的后山发现3处墓葬遗迹，编号M1～M3。墓葬均为竖穴土坑墓，未见葬具尸骨。Ml墓口长1.83、宽0.91～1.04、深0.16米，方向45°，出土1件折肩陶罐；M2墓口长1.86、宽1.02～1.04、深0.18米，方向28°。亦未见葬具尸骨，出土1件单鋬罐；M3残存局部墓底，陶片散落四周，墓向170°。出土的陶片经整理修复为2件残陶罐[①]。2017 年福建省昙石山遗址博物馆对遗址进行了复查，仅采集到 1 件残石锛。青铜时代。

后仓：1，石锛，灰绿色石质，通体粗磨。平面呈长方形，横截面近似等腰三角形，单面刃，刃部外弧。长 8.6、宽 3.8、厚 2.3 厘米。

3. 青龙寺遗址

位于沙江镇水潮村，地理位置为北纬 26° 47′ 21.22″，东经 119° 55′ 18.19″。海拔约 60 米，相对高度约 25 米，遗址面积约 120 平方米。系大山向东北延伸出的近似长条形山冈。山顶较为平坦开阔，北、西、东坡均较陡。距北侧山脚约 300 米有溪流自西南向东北流过（图 3-83）。1987 年首次发现时采集有夹砂灰陶片、灰硬陶

图 3-83　青龙寺遗址（南—北）

---

① 福建博物院：《福建霞浦黄瓜山遗址第二次发掘》，《福建文博》2004 年第 3 期。

片等，纹饰有网纹、雷纹（图 3-84），可辨器形有釜、罐等。青铜时代。

青龙寺：1，石锛，灰色泥质岩。平面呈长方形，横截面呈椭圆形，刃部崩损。残长 5.1、宽 3、厚 1.5 厘米（图 3-85，1）。

青龙寺：2，陶罐口沿残片，泥质灰陶。直口，尖唇。饰六道凸棱纹。残高 4.4 厘米（图 3-85，2）。

图 3-84　青龙寺遗址采集陶片纹饰拓片

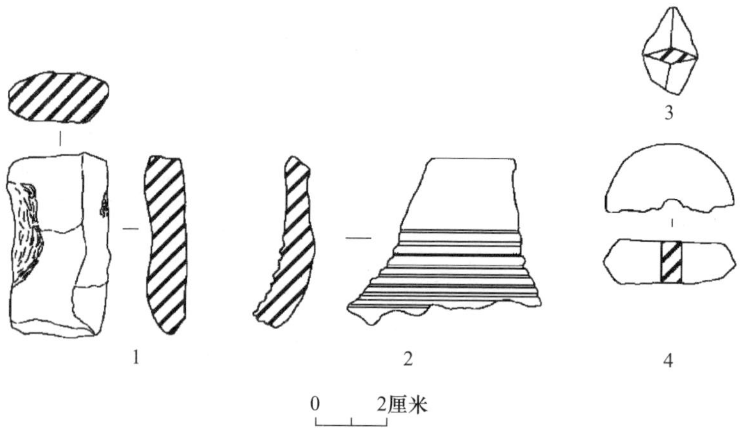

图 3-85　青龙寺遗址采集石器与陶器

1. 石锛（青龙寺：1） 2. 陶罐口沿残片（青龙寺：2） 3. 石镞（青龙寺：3） 4. 陶纺轮（青龙寺：4）

青龙寺：3，石镞，通体磨制精细，略有崩损。平面近菱形，截面近扁菱形。残长 2.4、宽 1.5、厚 0.4 厘米（图 3-85，3）。

青龙寺：4，陶纺轮，夹细砂灰黄陶，平面呈半圆形，横断面呈算珠形，半圆残断。外径 3.8、内径 0.4、高 1.2 厘米（图 3-85，4）。

4. 后井遗址

位于沙江镇后井村西南，地理位置为北纬 26° 47′ 58.96″，东经 119° 55′ 7.35″。海拔约 38 米，相对高度约 30 米，遗址面积约 500 平方米。系大山向西南延伸出的不规则形山冈。山顶较为平坦开阔，北坡较为平缓，东、西、南坡均较陡。有溪流自西北向东南流经西南侧山脚（图 3-86）。1987 年首次发现时采集有夹砂灰陶片、灰硬陶片等，纹饰有网格纹、条纹，可辨器形有釜、罐等。2017 年福建省昙石山遗址博物馆对遗址进行了复查，也采集到零星灰硬陶片，纹饰有云雷纹、方格纹和凹弦纹（图 3-87）。青铜时代。

图 3-86　后井遗址（东—西）

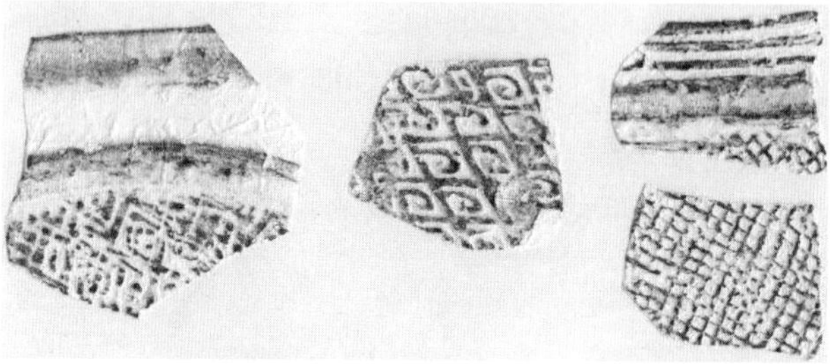

图 3-87　后井遗址采集陶片纹饰拓片

5. 坡头山遗址

位于沙江镇八堡村南 400 米，地理位置为北纬 26° 46′ 46.62″，东经 119° 52′ 58.99″。海拔约 60 米，相对高度约 40 米，遗址面积约 1020 平方米。系一南北走向的长条形坡地。山顶较为开阔但不甚平坦，北面较缓，东西两坡较陡。有溪流自东向西从北侧山脚流过（图 3-88）。1987 年首次发现时采集有石镞、网格纹灰硬陶片等，可辨器形有罐。青铜时代。

图 3-88　坡头山遗址（北—南）

6. 厚首遗址

位于沙江镇厚首村东北约 400 米，地理位置为北纬 26° 46′ 38.97″，东经 119° 55′ 0.71″。海拔约 15 米，相对高度约 10 米，遗址面积约 900 平方米。系一座紧邻海岸滩涂且相对独立的不规则形小山丘。山顶平坦开阔，四面较为低缓（图 3-89）。1991 年首次发现时在南侧地层发现贝壳堆积，并采集有石镞、彩陶片等，可辨器形有罐。遗址破坏较为严重，2017 年福建省昙石山遗址博物馆对遗址进行复查时，仅在南侧断面采集到零星陶片。新石器时代。

图 3-89　厚首遗址（西南—东北）

厚首：1，陶罐，直口，折肩。口沿部有凸棱纹，口沿及肩部饰黑彩竖条和斜线三角纹。直径 16、残高 8.8 厘米（图 3-90，1）。

厚首：2，腹片，器形不明，外侧饰黑彩方格纹。残宽 5.4、高 4.5 厘米（图 3-90，2）。

厚首：3，陶罐，平沿，斜弧腹，口沿内部及腹部饰黑彩条纹。残高 4.3 厘米（图 3-90，3）。

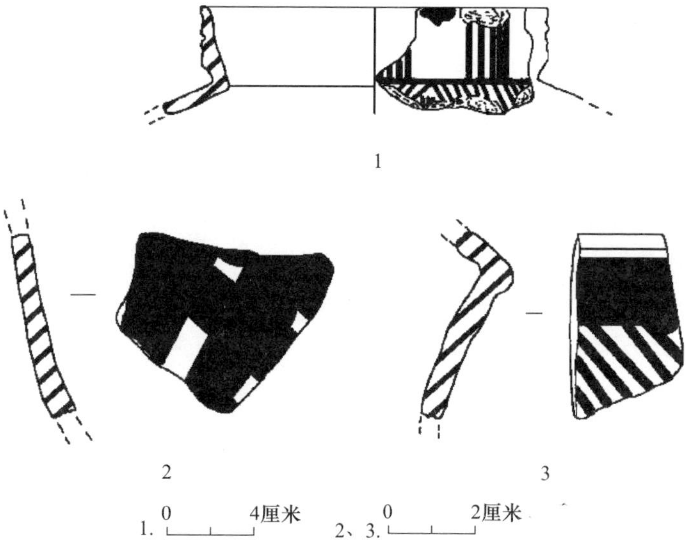

图 3-90　厚首遗址采集陶器
1、3. 罐（厚首：1、厚首：3） 2. 腹片（厚首：2）

7. 屏风山遗址

位于沙江镇古县村西面约 2000 米，地理位置为北纬 26° 48′ 36.62″，东经 119° 59′ 44.49″。海拔约 165 米，相对高度约 10 米，遗址面积约 4000 平方米。系一座相对独立的山冈。山顶平坦开阔，四面陡峭。在山顶四周的断坎暴露有大量贝壳堆积（图 3-91）。2008 年第三次全国文物普查期间发现。2016 年福建博物院与霞浦县博物馆联合对遗址进行了小规模的考古发掘，遗址文化层堆积可分为 5 层（图 3-92）。出土了陶器、石器、骨器、原始瓷、木骨泥墙残块等遗物，并发现 3 个柱洞遗迹[①]。2017 年福建省昙石山遗址博物馆对遗址进行复查时，在距山顶东南侧约 300 米的山脊亦采集

① 详见福建博物院：《霞浦县屏风山贝丘遗址 2016 年发掘报告》，《福建文博》2017 年第 1 期。

图 3-91　屏风山遗址（东北—西南）

图 3-92　屏风山遗址的文化层堆积

到陶片、石锛及陶纺轮。陶片以素面夹砂陶居多（图 3-93），还有彩陶和灰硬陶，纹饰有云雷纹、方格纹、弦纹等（图 3-94）。青铜时代。

图 3-93　屏风山遗址出土陶片标本 ①

图 3-94　屏风山遗址采集陶片纹饰拓片

屏风山：1，石锛，通体磨光。平面呈长方形，截面呈梯形，单面刃，器身有崩损。长 6.6、宽 4.4、厚 2.1 厘米（图 3-95，1）。

屏风山：2，陶罐，仅余口沿，夹砂橙黄陶。敞口，圆唇，斜肩。素面。口径 24、残高 4.4 厘米（图 3-95，2）。

---

① 图 3-92、图 3-93 由黄运明副研究员提供。

屏风山：3，陶罐，仅余口沿，夹砂灰黄陶。敞口，圆唇，斜肩。素面。口径 24、残高 6.4 厘米（图 3-95，3）。

屏风山：4，陶罐，仅余口沿及肩部，夹砂橙黄陶。敛口，圆唇，颈部饰绳纹，斜肩，沿肩部起一道凸棱。口径 15、残高 8.5 厘米（图 3-95，4）。

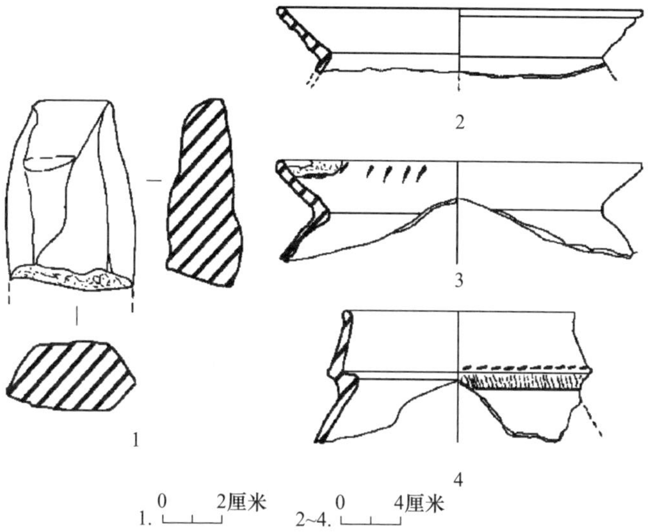

图 3-95　屏风山遗址采集石器与陶器

1. 石锛（屏风山：1）　2～4. 陶罐（屏风山：2、屏风山：3、屏风山：4）

8. 葛洪山遗址

位于霞浦县沙江镇厚首村西面约 600 米。地理位置为北纬 26° 49′ 32″，东经 120° 1′ 36″。海拔约 236 米，相对高度约 220 米，遗址面积约 5000 平方米。系葛洪山西北端的一座高大山冈。山顶平坦开阔，虽然四面坡度都颇为陡峭，但视野极佳，可直接俯瞰东北和西南山脚下的两个海湾。山体植被以低矮灌木和杂草为主，山顶被开垦为果园和菜地。一条通往葛洪山顶的水泥路环绕遗址的西、北、东三面蜿蜒经过（图 3-96）。2017 年首次发现时，在东坡公路边的断坎上发现文化层堆积，具体情况为：第 1 层为耕土层，土色灰黑，厚约 30 厘米。第 2、3 层为文化层。第 2 层土色灰黄，厚约 30 厘米，包含较多的贝壳遗存，同时还夹杂少量夹砂陶、硬陶和原始瓷残片。第 3 层土色灰黑，厚约 40 厘米，内含夹砂陶。第 4 层为风化砂岩（图 3-97）。共采集陶片 47 片，其中夹砂红陶 12 片（素面 9 片、细绳纹 1 片、戳点纹 1 片、篦划纹 1 片），夹砂灰黄陶 15 片（素面 11 片、粗绳纹 1 片、细绳纹 1 片、弦纹 1 片），夹砂灰黑陶 10 片（素面 7 片、粗绳纹 1 片、细绳纹 2 片），灰硬陶 3 片（素面 1 片、云雷纹 1 片、弦纹 1 片），素面黑衣陶 1 片，原始瓷 6 片（素面 5 片、条纹 1 片）（图 3-98、图 3-99），并采集有陶网坠、石镞、陶器口沿等。青铜时代。

葛洪山：1，陶罐，夹砂橙黄陶，直口，圆唇，溜肩，肩部腹部交接处饰篮纹一圈。口径 20、残高 8.4 厘米（图 3-100；图 3-102，1）。

图 3-96　葛洪山遗址（北—南）

图 3-97　葛洪山遗址文化层堆积

图 3-98　葛洪山遗址采集陶片纹饰（一）

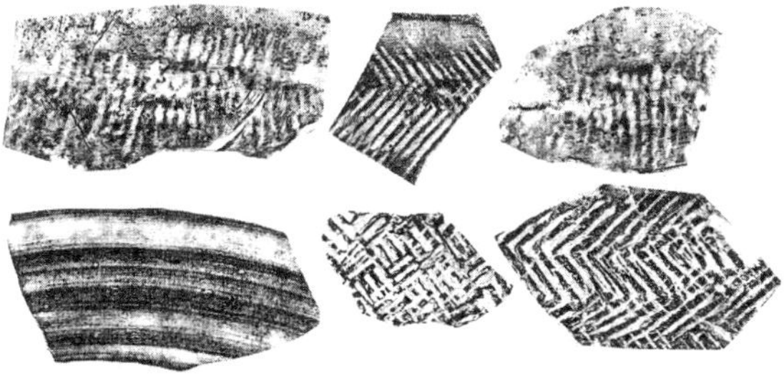

图 3-99　葛洪山遗址采集陶片纹饰（二）

图 3-100　葛洪山遗址采集陶罐口沿

图 3-101　葛洪山遗址采集陶网坠

葛洪山：2，陶罐，夹砂橙黄陶。敞口，平唇，溜肩，肩部及腹部交接处饰篮纹一圈。口径 22、残高 6.8 厘米（图 3-102，2）。

葛洪山：3，陶罐，泥质灰黄陶。敞口，圆唇，溜肩。口径 24、残高 8.6 厘米（图 3-102，3）。

葛洪山：4，陶罐，泥质灰黄陶。敞口，圆唇，斜肩。口径 24、残高 3 厘米（图 3-102，4）。

葛洪山：5，原始瓷豆，通体施青绿釉。敞口，圆唇，折肩。肩颈处饰戳点纹。口径 22、残高 3.8 厘米（图 3-102，5）。

葛洪山：6，陶钵，泥质灰黄陶。敛口，圆唇，斜直肩。饰刻划纹。残长 4.5 厘米（图 3-102，6）。

葛洪山：7，陶罐，夹砂灰黄陶。敞口，圆唇，溜肩。内圈饰凸棱。口径 14、残高 4.8 厘米（图 3-102，7）。

葛洪山：8，陶罐，夹砂灰陶。侈口，圆唇，束颈。口径 23、残高 2.6 厘米（图 3-102，8）。

葛洪山：9，陶网坠，泥质灰陶。呈圆柱状，横截面近似圆形。

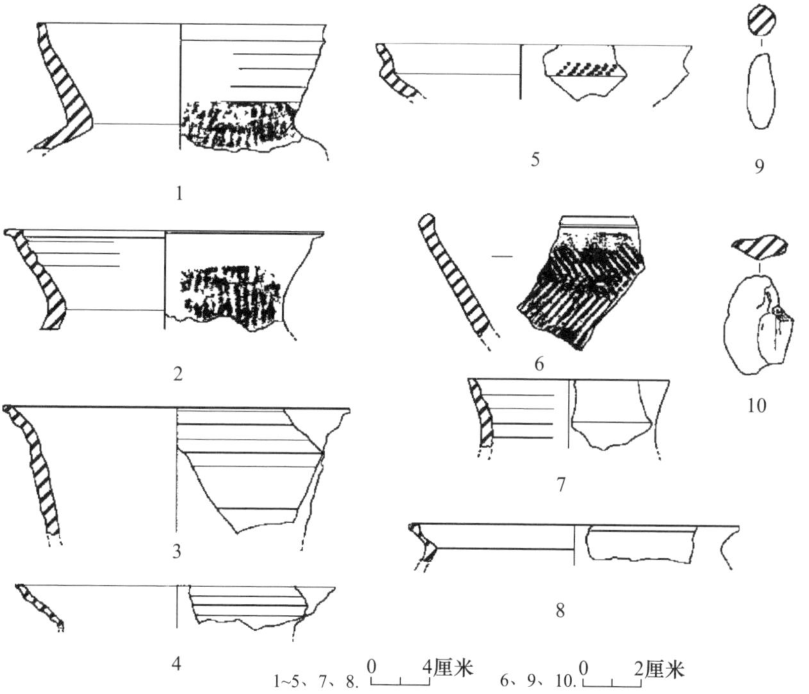

图 3-102 葛洪山遗址采集石器与陶器（一）

1～4、7、8. 陶罐（葛洪山：1、葛洪山：2、葛洪山：3、葛洪山：4、葛洪山：7、葛洪山：8） 5. 原始瓷豆（葛洪山：5） 6. 陶钵（葛洪山：6） 9. 陶网坠（葛洪山：9） 10. 石镞（葛洪山：10）

长2.6、宽1厘米（图3-101；图3-102，9）。

葛洪山：10，石镞，平面近似菱形，横截面近似扁菱形，锋部及铤部崩损。残长3.1、宽2.3、厚0.8厘米（图3-102，10）。

葛洪山：11，尖状器半成品，黄褐色砾石，平面近似椭圆形，下半部经打制，啄部未完成。长12.5、宽10、厚4厘米（图3-103，1）。

葛洪山：12，原始瓷豆，通体施青绿釉。敞口，圆唇，折肩。口径28，残高4厘米（图3-103，2）。

葛洪山：13，原始瓷豆，通体施青绿釉。敛口，圆唇，斜直腹。口径21、残高4厘米（图3-103，3）。

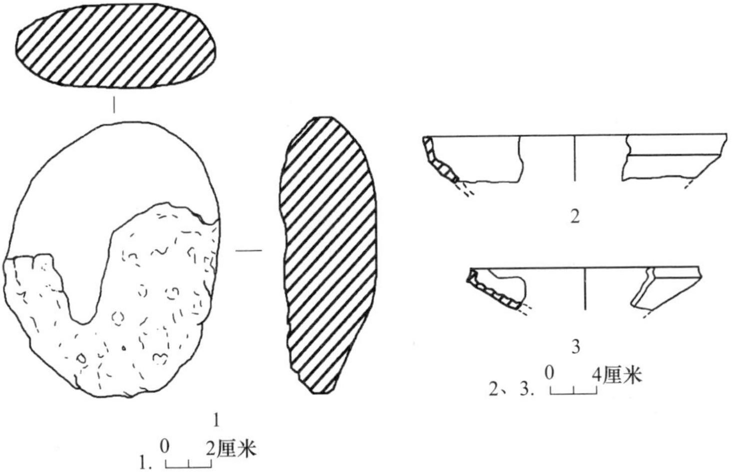

图3-103　葛洪山遗址采集石器与陶器（二）

1. 石尖状器（葛洪山：11）　2、3. 原始瓷豆（葛洪山：12、葛洪山：13）

9. 后门山遗址

位于沙江镇厚首村西面约400米，地理位置为北纬26° 46′ 9.34″，东经119° 54′ 21.43″。海拔约58米，相对高度约40米，遗址面积约4000平方米。系一西南—东北走向的长条形坡地。山顶较为开阔平坦，北坡略陡，东坡和西坡较低缓。山体植被较稀疏，大部分被开垦种植玉米和红薯，零星夹杂数棵龙眼树；北坡种植少量柚子树。有一条通往半月里村的公路自东南向西北从西南侧山顶经过（图 3-104）。2017 年首次发现时在南坡发现零星陶片和石器。共采集陶片 6 片，其中泥质素面灰陶 1 片，黑衣陶 3 片（素面 2 片、篮纹 1 片）（图 3-105），彩陶 2 片。另采集石锛 4 件、石镞 1 件。青铜时代。

图 3-104　后门山遗址（东—西）

后门山：1，石锛，青灰色石质。平面呈梯形，横截面近似半圆形，刃部崩损。长 4.8、宽 2.2、厚 1.5 厘米（图 3-106，1）。

后门山：2，石锛，青灰色石质。背部呈圆弧形，平面呈长方形，横截面呈半圆形，刃部崩损。长 5.8、宽 3.4、厚 1.7 厘米（图 3-106，2）。

后门山：3，石锛，灰黄色石质。隆脊，平面呈长方形，横截

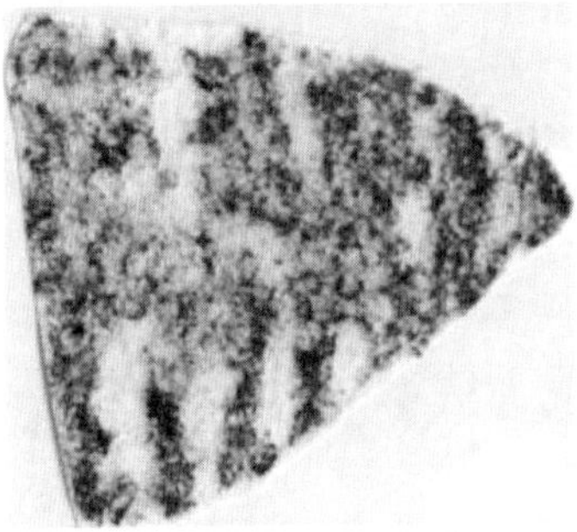

图 3-105　后门山遗址采集陶片纹饰拓片

面呈梯形，刃部崩损。长 4.5、宽 2.6、厚 1.1 厘米（图 3-106，3）。

后门山：4，石镞，黑色石质。长菱形，横截面亦呈长菱形，锋已残，铤部扁。残长 3.1、两翼宽 1.7 厘米（图 3-106，4）。

后门山：5，石锛，青灰色石质。隆脊，平面呈长梯形，横截面呈圆角三角形，刃部残。残长 4.8、宽 2.4～2.7、厚 1.8 厘米（图 3-106，5）。

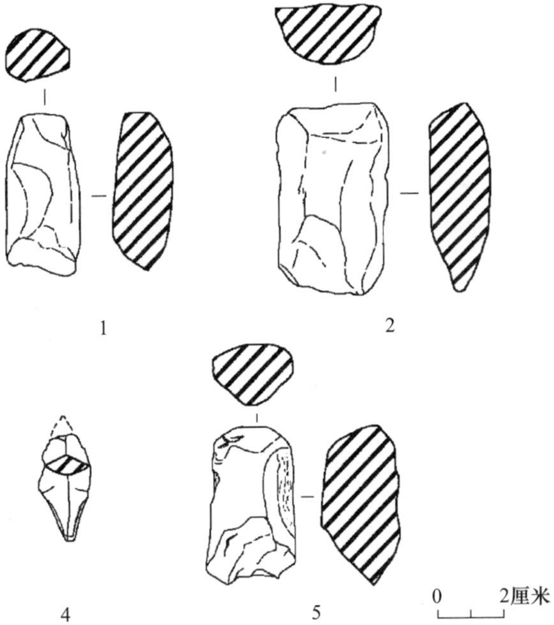

图 3-106　后门山遗址采集石器

1～3、5. 石锛（后门山：1、后门山：2、后门山：3、后门山：5）

4. 石镞（后门山：4）

第五节　溪南镇、长春镇、下浒镇和北壁乡

一、溪南镇

溪南镇，位于福建省霞浦县西南方，距县城 46 千米。东、南、西濒临东吾洋、官井洋、盐田港，北连沙江镇，下辖溪南、左湾、南岸、甘棠、南门山、下砚、七星、西安、东安、溪尾、台江、后慕、仙东、白露坑、芹头、长兴、青山、岱岐头、霞塘、傅竹、长腰、猴屿、关门 23 个行政村和 1 个溪南街道，面积约 102.9 平方千米。地貌以沿海丘陵平原为主。共发现遗址 4 处。

1. 草头山遗址[①]

位于溪南镇梅坂村西北 100 米。地理位置为北纬 26° 43′ 47.58″，东经 119° 52′ 9.23″。海拔约 50 米，相对高度约 45 米，遗址面积约 7500 平方米。系一座东北—西南走向的平面近似三角形的大型丘陵的北端山冈。山顶平坦开阔，东、西、南三面低缓，北面略陡。有溪流自东北向西南从西侧山脚下流过（图 3-107）。1987 年首次发现时采集有石镞、石斧、雷纹灰硬陶片以及原始瓷片，可辨器形有罐、豆等。2017 年福建省昙石山遗址博物馆对该遗址进行了复查，亦采集到零星灰硬陶片，纹饰有方格纹、云雷纹、网格纹等（图 3-108）。青铜时代。

2. 龟山遗址

位于溪南镇梅坂村西北。地理位置为北纬 26° 43′ 40.23″，东经 119° 52′ 19.75″。海拔约 46 米，相对高度约 25 米，遗址面积约 250 平方米。系一相对独立的平面近似龟背的山冈。山顶平坦开

---

① 调查时记录为黄家山遗址，后对照以往记录发现与第二次文物普查的草头山为同一处，故仍沿用草头山遗址之名。

图 3-107　草头山遗址（西—东）

图 3-108　草头山遗址采集陶片纹饰拓片

阔，四面为缓坡。有溪流自西北向东南从距北侧山脚约 100 米处流过（图 3-109）。1987 年首次发现时采集有石镞和网格纹灰硬陶片（图 3-110），可辨器形有罐。青铜时代。

龟山：1，石锛，青灰色泥质岩。平面呈长方形，横截面近似椭圆形，刃部崩损。残长 4.8、宽 1.9、厚 0.5 厘米（图 3-111）。

图 3-109　龟山遗址（西南—东北）

图 3-110　龟山遗址采集陶片纹饰拓片

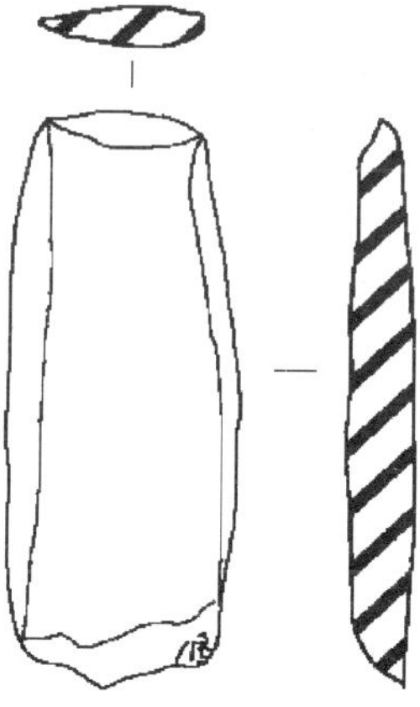

图 3-111　龟山遗址采集石锛
（龟山：1）

3. 后门山遗址

又名祭墓林遗址，位于溪南镇白埕村西北。地理位置为北纬 26° 43′ 33.86″，东经 119° 51′ 58.65″。海拔约 50 米，相对高度约 40 米，遗址面积约 900 平方米。东北—西南走向。山顶较为开阔，除东北坡较缓，其他方向均较陡（图 3-112）。1987 年首次发现时采集有石锛、残石器和灰硬陶片，纹饰有曲折纹、雷纹（图 3-113），可辨器形有罐。青铜时代。

图 3-112　后门山遗址（西南—东北）

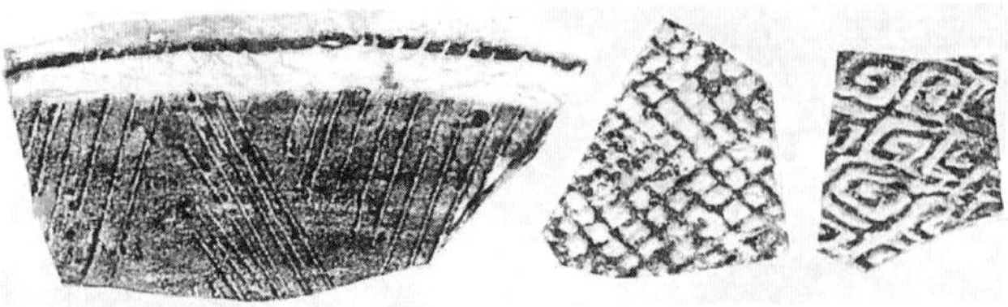

图 3-113　后门山遗址采集陶片纹饰拓片

后门山：1，石锛，灰黄色泥质岩。平面呈长方形，横截面近似梯形，刃部崩损。残长 6.5、宽 3.8、厚 1.8 厘米（图 3-114）。

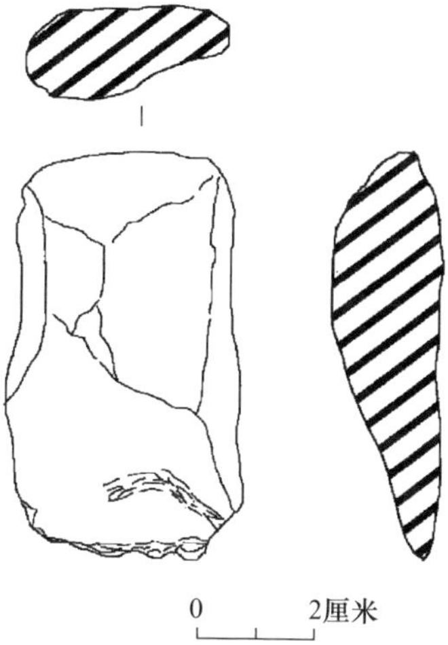

图 3-114 后门山遗址采集石锛
（后门山：1）

4. 龙岗遗址

位于霞浦县溪南镇台江村西北约 200 米。地理位置为北纬 26° 42′ 27″，东经 119° 53′ 8″。海拔约 38 米，相对高度约 25 米，遗址面积约 2000 平方米。系大山向东北延伸出的长条形台地。顶部平坦开阔，四面坡度较低缓。山体植被稀疏，主要被开垦用于种植水稻、红薯等农作物。东南端山脚下有一座叶氏宗祠，一条通往溪南镇的公路在距遗址西南约 150 米处自东南向西北经过（图 3-115）。2017 年首次发现时，在东、南、西坡均发现零星陶片，偶见石器。在南坡二级台地的断坎上发现文化层堆积，具体情况为：第 1 层为耕土层，土色灰黄，厚 25～30 厘米；第 2 层为文化层，土呈红褐色，厚 50～55 厘米，内含红烧土块和零星陶片；第 3 层为红色生土层（图 3-116）。在断坎上还清理出一处灰坑遗迹，灰坑坑口宽约 50 厘米，坑底宽约 40 厘米，深约 55 厘米，坑口距地表约 30 厘米，内为红褐色土，土质坚硬块结，夹杂大量烧土块，并有少量陶片，包括陶支脚残件和彩陶口沿各 1 件（图 3-117、图 3-118）。共采集陶片 59 片。其中夹砂灰黄陶 2 片，素面；泥质灰陶 6 片，素面；黑衣陶 38 片（素面 24 片、条纹 13 片、凸弦纹 1 片）；赭衣陶 3 片（素面 1 片、条纹 2 片）；彩陶 10 片（图 3-119、图 3-120）。另采集石锛 2 件、石镞 2 件、石凿 1 件。新石器时代黄瓜山文化。

图 3-115　龙岗遗址（西—东）

图 3-116　龙岗遗址的灰坑遗迹

龙岗：1，石锛，黄绿色石质，通体打制后粗磨。平面呈长梯形，横截面近似圆角三角形，单面刃。长 4.6、宽 2.2～2.8、厚 1.5 厘米（图 3-121，1）。

图 3-117 龙岗遗址灰坑内的彩陶片

图 3-118 龙岗遗址灰坑内的陶支脚（残）

龙岗：2，石锛，黄绿色石质，通体粗磨，顶部已残，横截面呈梯形，单面刃。残长 3.1、宽 3、厚 1.6 厘米（图 3-121，2）。

龙岗：3，石镞，黑色石质，锋部已残。平面呈长菱形，横截面亦为长菱形，锋部已残，无铤。残长 3.4、两翼宽 1.7 厘米（图 3-121，3）。

龙岗：4，彩陶罐，橙黄色泥质陶，仅余口沿。侈口，束颈。外口沿饰黑彩斜线三角纹、空三角加点黑彩，内口沿饰黑色短条纹。口径 15.5、残高 4.7 厘米（图 3-121，4）。

图 3-119　龙岗遗址采集陶片纹饰拓片（一）

图 3-120　龙岗遗址采集陶片纹饰拓片（二）

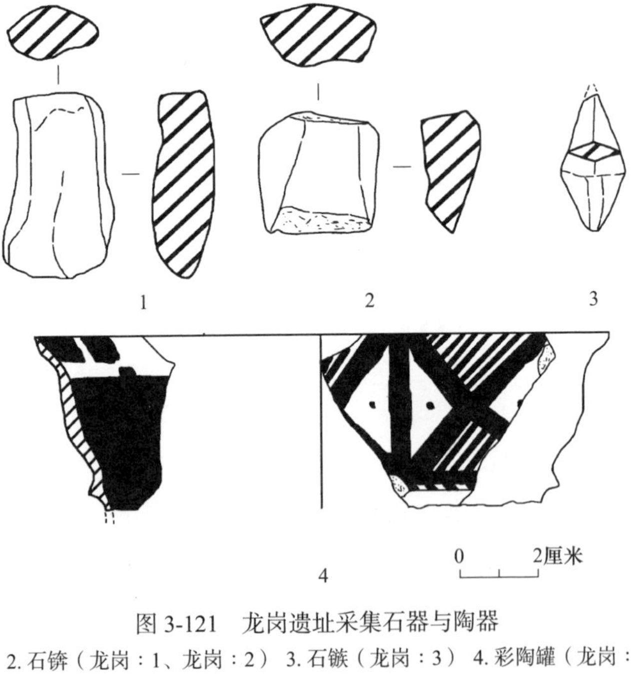

图 3-121　龙岗遗址采集石器与陶器

1、2. 石锛（龙岗：1、龙岗：2）3. 石镞（龙岗：3） 4. 彩陶罐（龙岗：4）

二、长春镇

长春镇位于县境东南沿海，东冲半岛北部，外接东海，内畔东吾洋。下辖洪江、渔洋里、渔洋埕、秋竹岗、长门、渔家地、武曲、祖厝、传胪、亭下溪、下洋城、积石、长春、武岐、文岐、长溪、埕坞、法华、里城、外城、赤沙、加竹、吕峡、大京、蜘蛛网、斗米、小京27个行政村，面积约153.6平方千米。地貌为沿海丘陵地貌和低丘堆积平原，主要溪流为长溪。共发现遗址2处。

1. 竹屿遗址

位于霞浦县长春镇加头村西北约800米的竹屿岛上。地理位置为北纬26° 38′ 37″，东经120° 5′ 14″。海拔约13米，遗址面积约2000平方米。小岛平面近似一个逗号，西北—东南走向，顶部平坦开阔，除西坡较陡外，东、南、北坡均低缓。山体大部分植被稀疏，地表裸露，仅山脚有少许灌木。东北端与东南端各有一条围堰与大陆连通（图3-122）。2017年首次发现时，山体各部分均可

图3-122　竹屿遗址（东—西）

见零星陶片分布（图 3-123）。共采集陶片 20 片，其中夹砂红陶 10 片，夹砂灰黄陶 6 片，均素面；灰硬陶 1 片，素面；黑衣陶 3 片，素面。另采集石锛 1 件。青铜时代。

图 3-123　竹屿遗址暴露地表散布的夹砂陶片

2. 加头遗址

位于霞浦县长春镇加头村西南约 1000 米。地理位置为北纬 26° 37′ 48″，东经 120° 4′ 47″。海拔约 10 米，遗址面积约 600 平方米。系大山向西北延伸出的近似长条形山冈，由于长期遭受海浪冲刷，现已断裂成两部分，仅东北段与大陆相连。顶部平坦但略窄，除西坡较陡外，东、南、西坡均较为陡峭。山体大部分植被稀疏，地表裸露（图 3-124）。2017 年首次发现时，山顶发现零星陶片分布。东北段西侧有一条通往山下海滩的小路，在路边断坎上发现文化层堆积，堆积情况为：第 1 层为表土层，黄色沙质土，极薄，厚 0～5 厘米；第 2 层为文化层，土色呈棕褐色，厚 7～10 厘米，内含零星夹砂陶片；第 3 层为风化砂岩层（图 3-125）。共采集陶片 24 片，均为夹砂陶。其中夹砂红陶 5 片，夹砂灰褐陶 6 片，均素面；夹砂灰陶 12 片（素面 10 片、绳纹 2 片）；夹砂红衣陶 1 片，素面（图 3-126）。新石器时代。

图 3-124　加头遗址（东北—西南）

图 3-125　加头遗址文化层堆积

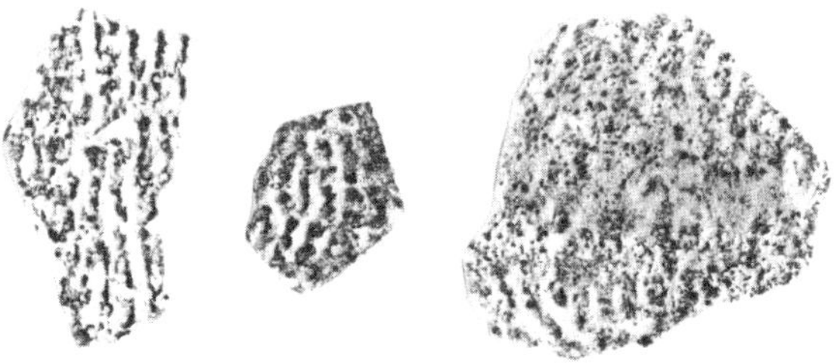

图 3-126　加头遗址采集陶片纹饰拓片

三、下浒镇

下浒镇位于县境南部，东冲半岛中部，东邻长春镇，西接北壁乡，北濒东吾洋，南与西洋岛隔海相望。下辖下浒社区以及下浒村、前洋村、西岐村、柏溪村、柘阳村、赤壁村、三洲村、磺砂村、上沃村、文星明村、王家洞村、石湖村、留金村、金蟹村、延亭村、四斗村、山斗村、大安村、居安村、浒水村、外浒村 11 个行政村，面积约 102 平方千米。共发现遗址 1 处。

小西洋岛遗址

位于霞浦县下浒镇小西洋岛。地理位置为北纬 26° 32′ 23″，东经 119° 59′ 53″。海拔约 48 米，遗址面积约 400 平方米。小西洋岛大致呈南北走向，分南北两个部分，由一条长约 300、宽约 100 米的沙滩连接。北部是一座近似圆锥形的山冈，植被较密，以灌木为主；南部是一条狭长形的山冈。由于长期被当地渔民作为晾晒海带的场地，地貌被改变得比较严重，而且植被稀疏，大部分地表裸露。顶部平坦开阔，东、西坡较陡，南、北坡较缓。西北端山脚下有一座新修的简易码头（图 3-127、图 3-128）。2017 年首次发现时，在接近南端的第二级台地东侧的断坎及附近坡地上发现零星陶片。共采集陶片 12 片，均为素面夹砂陶。其中夹砂灰陶 2 片、夹砂黑陶 2 片、夹砂红陶 6 片、夹砂红衣陶 2 片。在夹砂红衣陶的陶胎内可观察到炭化稻壳痕迹（图版八，1）。新石器时代。

四、北壁乡

北壁乡位于县境西南端、东冲半岛南段，距县城 92 千米。东北与下浒镇接壤，东、西、西南分别与西洋岛、宁德市和罗源县隔海相望，西北濒临官井洋。下辖武岩、河山、盘前、池澳、北

图 3-127 小西洋岛遗址（西北—东南）

图 3-128 小西洋岛遗址（北—南）

壁、会洋、铁炉、四门桥、东冲、上岐、下岐 11 个行政村，面积约 68.5 平方千米。地貌以沿海丘陵为主。共发现遗址 1 处。

澳里遗址 [①]

位于霞浦县北壁乡澳里自然村南面约 700 米，东冲半岛的西南端。地理位置为北纬 26° 32′ 5.19″，东经 119° 50′ 21.64″。海拔约 58 米，相对高度约 40 米，遗址面积约 2000 平方米。系一相对独立的东北—西南走向的长条形山冈（图 3-129）。山顶较平坦但植被密集，东北坡较缓，其他方向均较陡。有一条通往东冲村的公路自东南向西北绕山腰的东南、东、西北侧经过。2017 年首次发现时在东南山脚下的沙滩上采集到石锛 1 件（图 3-130、图 3-134），夹砂素面黑陶、夹砂素面红陶和席纹灰硬陶共 6 片，纹饰有曲折纹和席纹（图 3-131～图 3-133）。青铜时代。

图 3-129　澳里遗址（西南—东北）

① 发现之初以所在地大澳村命名，后来得到该地点确切的名称为澳里，故更名为澳里遗址。

图 3-130　澳里遗址暴露在海滩上的石锛
（澳里：1）

图 3-131　澳里遗址采集陶片

澳里：1，石锛，器身较厚重，通体磨制。平面呈长条形，截面呈梯形，单面刃，刃部微损。长 6.3、宽 2.3～3.1、厚 2.4 厘米（图 3-130）。

图 3-132　澳里遗址采集陶片纹饰拓片

图 3-133　澳里遗址采集陶器口沿

图 3-134　澳里遗址采集石器

第六节　海　岛　乡

海岛乡位于县境东南海域，扼闽、浙海上交通要道之咽喉，由四礵列岛、浮鹰、西洋、魁山、马刺、小西洋等 43 个大小岛屿组成。主岛西洋岛与下浒镇相距 6 海里，北礵岛与三沙镇相距 16

海里，浮鹰岛与长春乡闾峡村相距 4 海里。下辖北礵、里澳、文澳、宫东、宫西、烟台 6 个行政村，陆地面积约 29.8 平方千米。2017～2018 年，福建省昙石山遗址博物馆对上述诸岛屿进行了考古调查，在北礵岛、西洋岛、浮鹰岛、魁山岛共计发现 10 处新石器时代至青铜时代遗址点。

1. 北礵遗址

位于霞浦县海岛乡北礵岛东端，北礵村东北约 1300 米，地理位置为北纬 26° 42′ 10″，东经 120° 21′ 53″。海拔约 56 米，遗址面积约 700 平方米。系一东西走向的坡地（图 3-135）。因长期遭受海风吹蚀，地表植被仅覆盖一层草皮，零星间杂几丛低矮灌木，坡地四面开阔，东、南、北坡临海。地表土层浅薄，少量破碎陶片或夹杂于土层中，或直接暴露于地表（图 3-136、图 3-137），现场发现的陶片均为夹砂陶，质地较疏松，不见泥质陶或硬陶。在东北坡发

图 3-135　北礵遗址（南—北）

图 3-136　北礵遗址暴露地表的陶片

图 3-137　北礵遗址带刻划纹陶片

现几处暴露地表的贝壳堆积，厚度约 10 厘米，在其中一处堆积中发现凹石 1 件（图 3-138、图 3-139）。2017 年首次发现时共采集陶片 75 片，其中夹砂红褐陶 17 片（素面 15 片、绳纹 1 片、刻划纹 1 片）；夹砂灰黄陶 21 片，均素面；夹砂红陶 12 片（素面 11 片、

图 3-138　北礵遗址的贝壳堆积

图 3-139　北礵遗址贝壳堆积内的石器

弦纹 1 片）；夹砂灰陶 25 片，均素面（图 3-140）。另采集到尖状石器 2 件。新石器时代。

北礵：1，尖状器，采用近似椭圆形砾石打制而成。残长 8.6、宽 8.3、厚 3.2 厘米（图 3-141 下右；图 3-142，1）。

北礵：2，尖状器，采用近似椭圆形砾石打制而成。残长 11、宽 8.9、厚 3.9 厘米（图 3-141 下左；图 3-142，2）。

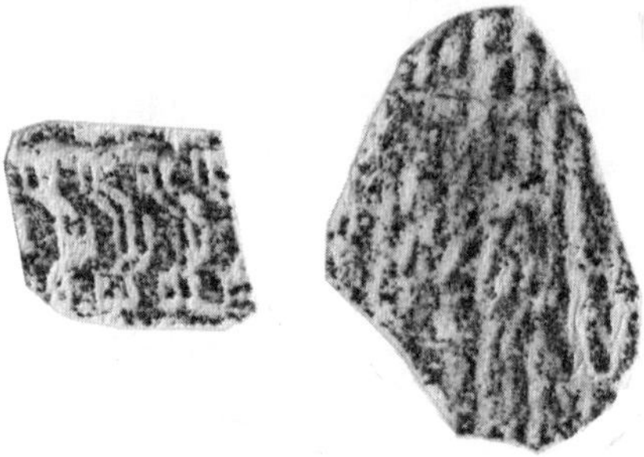

图 3-140　北礵遗址采集陶片纹饰拓片

图 3-141　北礵遗址采集凹石及尖状石器

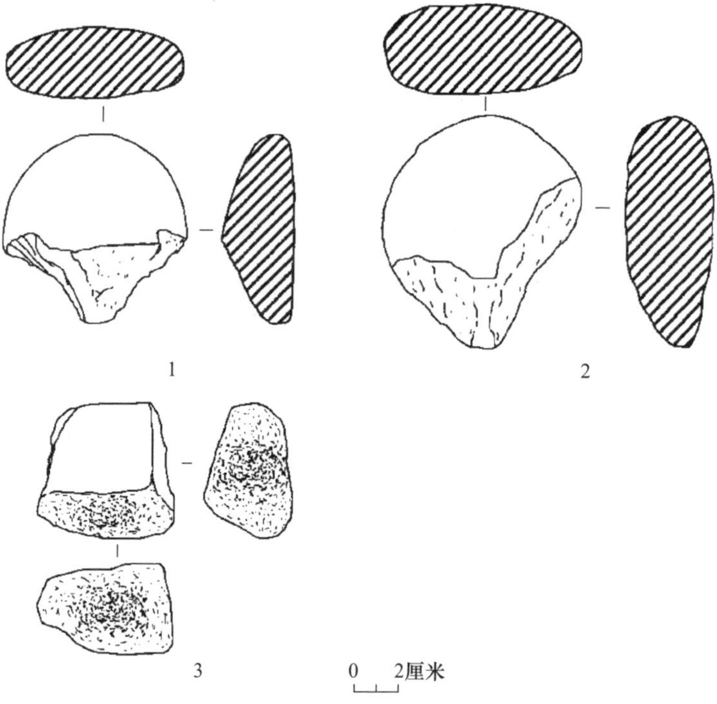

图 3-142　北礵遗址采集石器

1、2. 尖状器（北礵：1、北礵：2）3. 砍砸器（北礵：3）

北礵：3，砍砸器，灰黄色粗砂岩。外形近似立方体，有两个相邻的面上各有一个浅凹坑。底边长 5.2、高 4.8 厘米（图 3-141 上；图 3-142，3）。

2. 园下遗址

位于霞浦县海岛乡北礵岛东北端，园下村东北约 800 米，地理位置为北纬 26° 42′ 34.49″，东经 120° 21′ 16.12″。海拔约 25 米，遗址面积约 300 平方米。系一南北走向的坡地。坡地面积较狭窄，北、西、东三面临海（图 3-143）。地表植被情况同北礵遗址。2017 年首次发现时，在地表发现零星散落破碎的陶片，均为夹砂陶。采集到陶片 14 片，其中夹砂灰黄陶 10 片，素面；夹砂灰褐陶 1 片，素面；夹砂灰黑陶 2 片（素面 1 片、绳纹 1 片）；泥质陶 1 片，素面。新石器时代。

图 3-143　园下遗址（东南—西北）

3. 可门岛遗址

位于霞浦县海岛乡北礵岛西北端，可门村西北约200米，地理位置为北纬26° 42′ 16″，东经120° 20′ 31″。海拔约30米，遗址面积约800平方米。系一相对独立的小岛，低潮时会露出一段砾石滩将其与北礵岛相连。可门岛为东北—西南走向，地势狭长。顶部较平坦，但四面坡度陡峭（图3-144）。地表植被情况同北礵岛。同样在地表散落较多破碎的陶片，均为夹砂陶（图3-145）。2017年首次发现时，采集到陶片43片，均为夹砂陶，其中夹砂灰黄陶10片（素面7片、细绳纹2片、弦纹1片），夹砂灰黑陶28片（素面22片、细绳纹3片、刻划曲折纹1片、弦纹2片）；夹砂红陶5片（素面4片、细绳纹1片）（图3-146）。少数夹砂灰黑陶的陶胎内可观测到炭化稻壳印痕（图版八，2）。另采集有石锛3件，砺石1件。新石器时代。

图3-144　可门岛遗址（东南—西北）

图 3-145　可门岛遗址暴露地表的陶器口沿

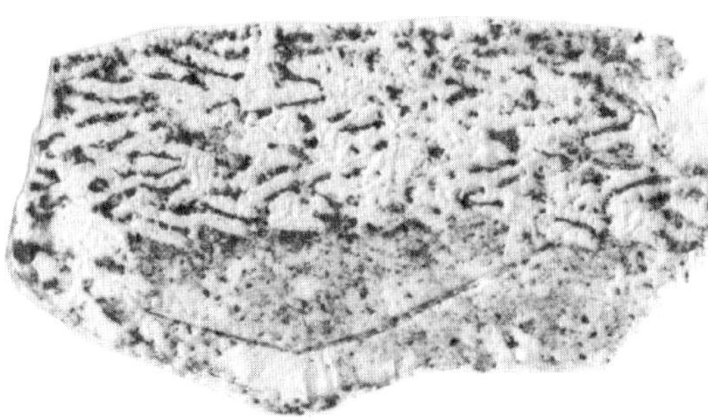

图 3-146　可门岛遗址采集陶片纹饰拓片

可门采：1，石锛，灰绿色石质，通体打制后粗磨。平面呈长梯形，隆脊，横截面近似圆角三角形，单面刃。长 6.4、宽 3～3.7、厚 1.6 厘米（图 3-147，1）。

可门采：2，石锛，顶部已残，灰绿色石质，通体磨制精细。平面呈长方形，横截面呈梯形，单面刃。残长 3.5、宽 2.6、厚 1.1 厘米（图 3-147，2）。

可门采：3，陶釜，仅余口沿，夹砂灰陶。敞口。素面。口径 22、残高 3.2 厘米（图 3-147，3）。

可门采：4，砺石，灰黄色细砂岩。平面近似直角梯形，顶面有磨砺痕迹。长 8.1～11、宽 7.6、厚 3.8 厘米（图 3-147，4）。

可门采：5，石锛，青绿色石质，通体磨制精细。平面呈长梯形，横截面呈等腰梯形，双面刃，刃部斜弧形，略有缺损。长 4、宽 2.3、厚 0.9 厘米（图 3-148）。

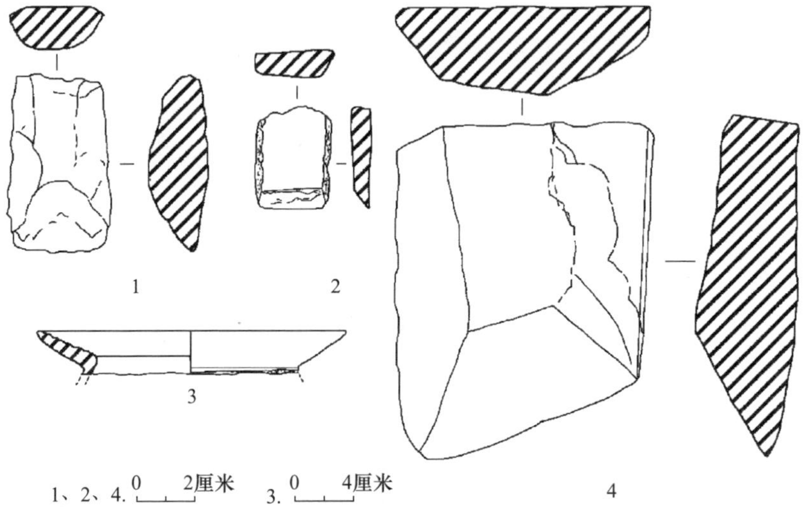

图 3-147　可门岛遗址采集石器与陶器

1、2 石锛（可门采：1、可门采：2） 3. 陶釜（可门采：3） 4. 砺石（可门采：4）

图 3-148　可门岛遗址采集石锛

4. 大王澳 A 地点

位于霞浦县海岛乡西洋岛西北端，大王澳村东北约 150 米，地理位置为北纬 26° 30′ 56″，东经 120° 2′ 13″。海拔约 60 米，遗址面积约 5000 平方米。系大山向西南延伸出的近似长条形山冈。山顶部平坦开阔，西坡较缓，南、北坡略陡。有一条通往大王澳的公路自东向西从南面山脚下经过（图 3-149）。地表植被稀疏，大部分裸露。长期雨水冲刷致使陶片在地表暴露（图 3-150），尤以南坡分布较为密集，偶见石器。2017 年首次发现时，采集到陶片 30 片，其中夹砂灰黄陶 2 片，夹砂灰黑陶 23 片，均素面；泥质陶 1 片，素面；灰硬陶 4 片（绳纹 2 片、方格纹 1 片、条纹 1 片）（图 3-151）；另有石锛 3 件。新石器时代。

大王澳 A：1，石锛，灰绿色石质，通体打制后粗磨。平面呈长方形，横截面近似等腰梯形，脊部平直，单面刃。长 5.4、宽 2.8、厚 1.5 厘米（图 3-152，1）。

图 3-149　大王澳 A 地点（南—北）

图 3-150　大王澳 A 地点暴露地表的陶器口沿残片

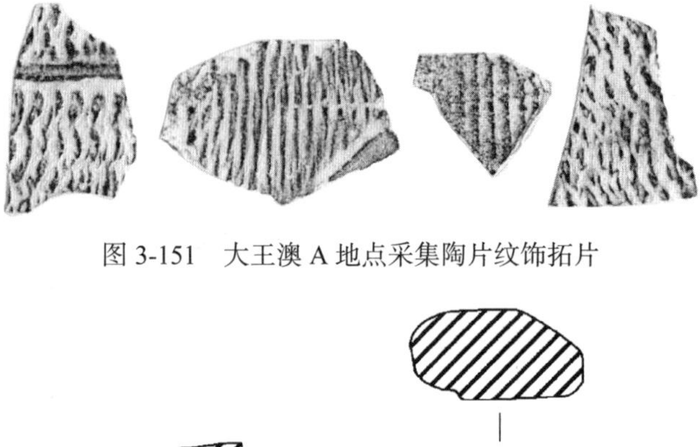

图 3-151　大王澳 A 地点采集陶片纹饰拓片

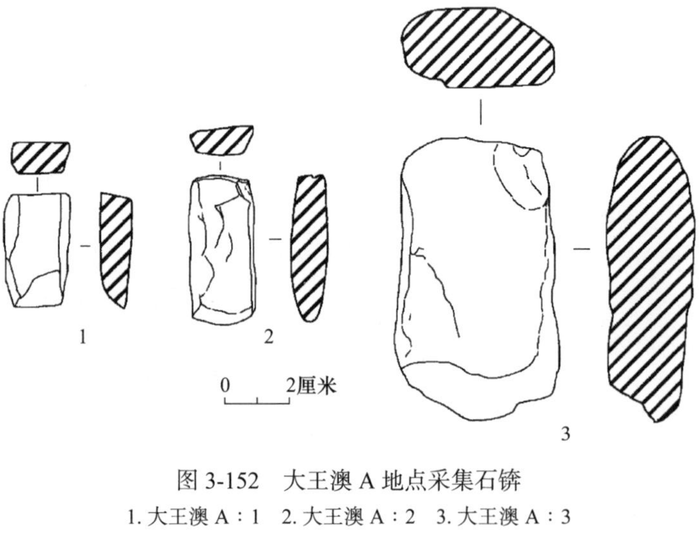

图 3-152　大王澳 A 地点采集石锛

1. 大王澳 A：1　2. 大王澳 A：2　3. 大王澳 A：3

大王澳 A：2，石锛，灰黄色石质，通体打制后粗磨。平面呈长方形，横截面近似等腰梯形，脊部平直，单面刃。长 7、宽 3.1、厚 1.3 厘米（图 3-152，2；图 3-153）。

大王澳 A：3，石锛，灰黄色石质，通体打制后粗磨。平面呈长方形，横截面近似长方形，脊部平直，单面刃，刃部残损严重。残长 8.8、宽 5.2、厚 2.7 厘米（图 3-152，3）。

图 3-153　大王澳 A 地点采集石锛

5. 大王澳 B 地点

位于霞浦县海岛乡西洋岛西北端，大王澳村西南约 150 米，地理位置为北纬 26° 30′ 52″，东经 120° 2′ 11″。海拔约 55 米，遗址面积约 3000 平方米。系大山向西南延伸出的近似长条形山冈，与大王澳 A 地点大致平行，相距约 200 米（图 3-154）。山顶部平坦开阔，东坡较缓，西、南、北坡较陡。地表植被稀疏，大部分裸露，现为当地的渔船整修场地。有一条通往大王澳的公路自南向西北从东面和北面山脚下经过。在地表有零星陶片散布（图 3-155），偶见石器。2017 年首次发现时，采集到陶片 18 片，其中夹砂灰黄陶 16 片（素面 15 片、绳纹 1 片），夹砂灰陶 2 片，素面；部分灰黄陶片陶胎内可观察到稻壳印痕（图版八，3）；另采集有石锛 3 件。新石器时代。

图 3-154　大王澳 B 地点（南—北）

图 3-155　大王澳 B 地点暴露地表的夹砂陶片

大王澳 B：1，石锛，灰绿色石质，通体打制后粗磨。平面呈长梯形，横截面近似圆角三角形，背部平直，单面刃。长 8.5、宽 3.8、厚 2 厘米（图 3-156，1）。

大王澳 B：2，石锛，灰绿色石质，通体打制后粗磨。平面呈长梯形，横截面近似圆角三角形，脊部隆起，并有上下排列的两个浅钻孔，单面刃。长 7.3、宽 3.8、厚 2.3 厘米（图 3-156，2）。

大王澳 B：3，石锛，灰黄色石质，通体打制后粗磨。平面呈长梯形，横截面近似圆角三角形，脊部隆起，单面刃。长 6.8、宽 3.1、厚 2.1 厘米（图 3-156，3）。

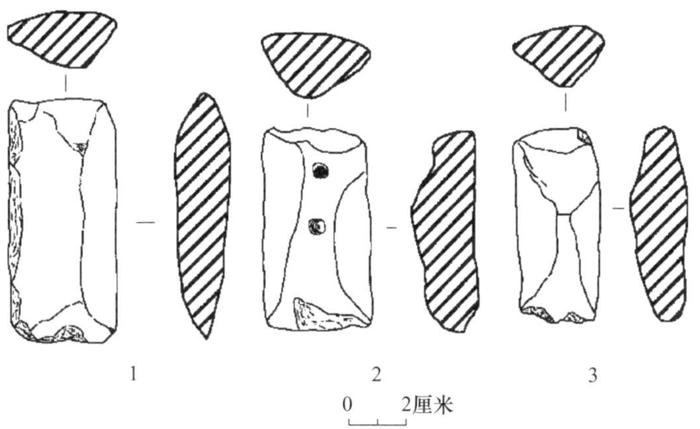

图 3-156　大王澳 B 地点采集石锛

1. 大王澳 B：1　2. 大王澳 B：2　3. 大王澳 B：3

6. 大王澳 C 地点

位于霞浦县海岛乡西洋岛西北端，大王澳村西南约 350 米，地理位置为北纬 26° 30′ 44″，东经 120° 1′ 60″。海拔约 62 米，遗址面积约 1500 平方米。系大山向西南延伸出的近似长条形山冈。山顶部平坦开阔，东坡较缓，西、南、北坡较陡（图 3-157）。除山顶植被稀疏，地表大部分裸露外，四周植被较密，多为高大乔木。东北面有一座小型水库。地表有零星陶片散布（图 3-158）。2017 年首次发现时，采集到陶片 34 片，其中夹砂灰陶 29 片（素面 28 片、凹弦纹 1 片），夹砂灰黄陶 1 片，素面；泥质灰陶 1 片，素面；条

图 3-157　大王澳 C 地点（南—北）

图 3-158　大王澳 C 地点暴露地表的夹砂黑陶片

纹灰硬陶 3 片（图 3-159）；夹砂陶胎心为黑色层状纹理夹石英砂颗粒，少数可观测到炭化稻壳及其他种子印痕（图版八，4）；另采集有石锛 1 件。新石器时代。

大王澳 C：1，石锛，顶部残损，黑色石质，通体磨制较精细。平面呈梯形，横截面呈橄榄形，单面刃。残长 4.5、宽 3.5～4、厚 1.6 厘米（图 3-160、图 3-161）。

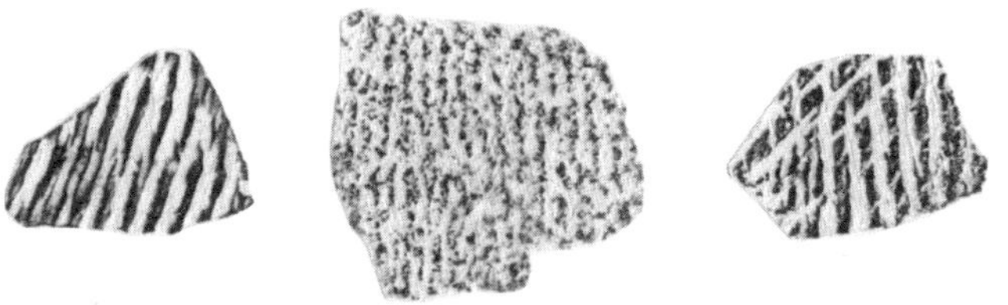

图 3-159　大王澳 C 地点采集陶片纹饰拓片

图 3-160　大王澳 C 地点采集石锛

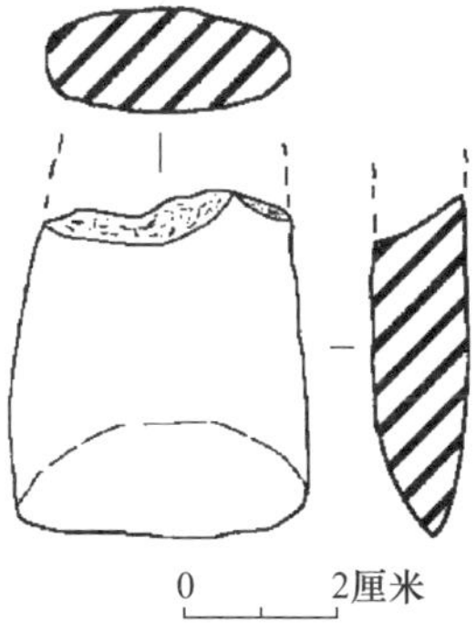

图 3-161　大王澳 C 地点采集石锛（大王澳 C : 1）

7. 贵澳遗址

位于霞浦县海岛乡西洋岛西端，贵澳村东北约 300 米，地理位置为北纬 26° 30′ 21″，东经 120° 2′ 5″。海拔约 110 米，遗址面积约 5000 平方米。系大山向西南延伸出的一条近似长条形坡地。山顶部平坦开阔，西坡较陡，南、北坡较缓。山体地表植被稀疏，大部分直接裸露。一条通往贵澳村的公路自西向东南蜿蜒穿过坡地（图 3-162）。地表有少量陶片分布，偶见石器。2017 年

图 3-162　贵澳遗址（东—西）

首次发现时，在山顶、西坡和北坡采集到少量陶片，并在北坡发现一处灰坑遗迹。灰坑平面近似圆角方形，遗迹直径 70～80 厘米，深度不详，内含少量红烧土及陶片（图 3-163）。共采集到陶片 66 片，其中夹砂灰黑陶 17 片，夹砂灰黄陶 9 片，夹砂红陶 10 片，均为素面；泥质陶 7 片（素面 2 片、条纹 3 片、凸弦纹 1 片、梯格纹 1 片）；硬陶 3 片（素面 2 片、条纹 1 片）；黑衣陶 13 片（素面 9 片、条纹 2、凸弦纹 2 片）；彩陶 7 片（图 3-164）；另采集石锛 3 件。新石器时代。

贵澳：1，石锛，灰绿色石质，通体打制后磨制较精细。平面呈梯形，横截面近似等腰梯形，脊部有段，刃部已残。残长 8.3、宽 2.7～4.5、厚 2.2 厘米（图 3-165，1）。

贵澳：2，石锛，灰绿色石质，通体磨制。平面呈圆角长方形，横截面近似圆角三角形，脊部平直，顶部残损，单面刃。残长 9.1、宽 4.5、厚 3 厘米（图 3-165，2；图 3-166）。

图 3-163　贵澳遗址灰坑遗迹

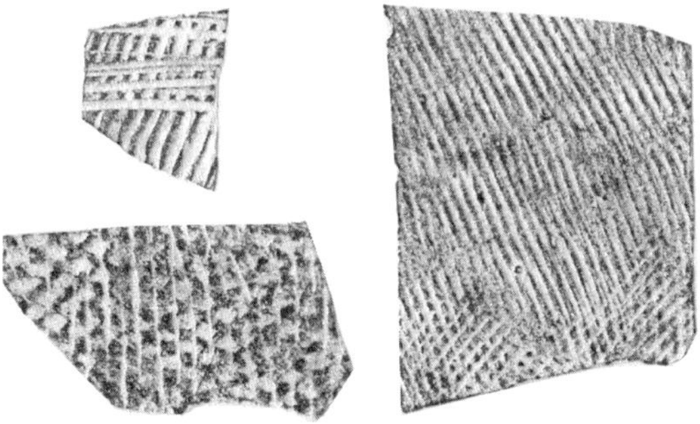

图 3-164　贵澳遗址采集陶片纹饰拓片

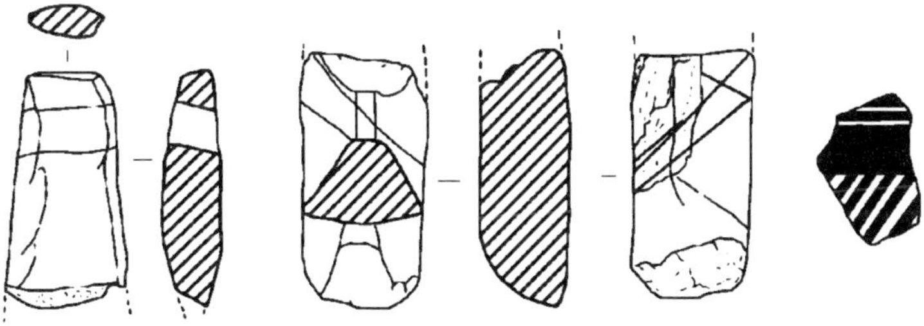

图 3-165　贵澳遗址采集石器与彩陶片

1、2. 石锛（贵澳：1、贵澳：2）3. 彩陶片（贵澳：3）

图 3-166　贵澳遗址采集石锛

（贵澳：2）

贵澳：3，彩陶片，灰黄色泥质陶。表面绘黑色条带纹及斜线纹。残宽 3.7、高 5.7 厘米（图 3-165，3）。

8. 风门澳遗址

位于霞浦县海岛乡西洋岛东端，风门澳村东南约 500 米，地理位置为北纬 26° 31′ 0″，东经 120° 3′ 42″。海拔约 40 米，遗址面积约 300 平方米。系大山向东延伸出的近似长条形坡地。顶部平坦开阔，东坡较陡，南、北坡较缓（图 3-167）。山体地表为草皮和低矮灌木覆盖，部分直接裸露。一条通往风门澳村的公路自南向北从坡地东段穿过。地表极少陶片分布。2017 年首次发现时仅采集到 1 片素面夹砂黑陶和 1 件残石锛。青铜时代。

风门澳：1，石锛，灰绿色石质，通体打制后粗磨。平面呈长方形，横截面近似等腰梯形，脊部平直，单面刃，刃部磨损较严重。长 7.5、宽 3.5、厚 1.5 厘米（图 3-168）。

9. 武澳遗址

位于霞浦县海岛乡浮鹰岛东南，武澳村东北约 300 米，地理位

图 3-167　风门澳遗址（西—东）

置为北纬 26° 34′ 58″，东经 120° 8′ 39″。海拔约 96 米，遗址面积约 300 平方米。系大山向东南延伸出的近似长条形山冈（图 3-169）。顶部平坦开阔，东、西坡较陡。山体地表为低矮灌木覆盖，部分直接裸露。一条通往武澳村的公路自西北向东南从山顶右侧穿过，旋又转折向西南蜿蜒而下到达村庄。在山顶有零星陶片分布。2017 年首次发现时采集到陶片 7 片，其中夹砂灰黄陶 2 片（素面 1 片、绳纹 1 片）；夹砂红陶 3 片，素面；长方格纹硬陶 2 片（图 3-170）。青铜时代。

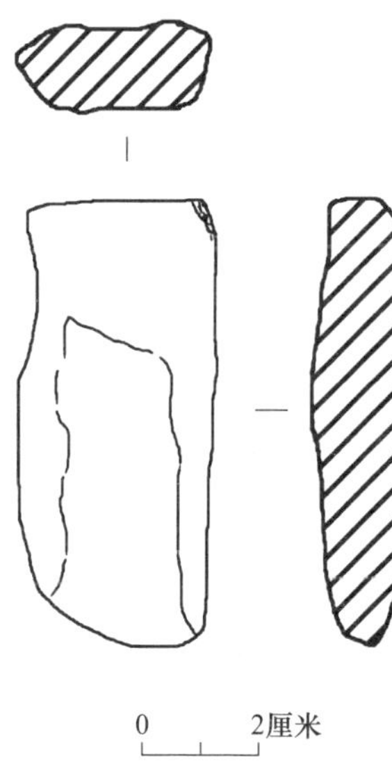

图 3-168　风门澳遗址采集石锛（风门澳：1）

图 3-169　武澳遗址（东—西）

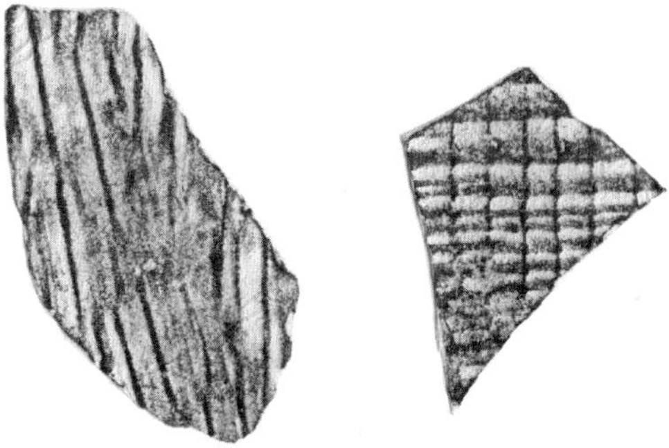

图 3-170　武澳遗址采集陶片纹饰拓片

10. 魁山岛遗址

位于霞浦县海岛乡魁山岛北端，码头东北约 100 米，地理位置为北纬 26° 29′ 51″，东经 120° 8′ 19″。海拔约 12 米，遗址面积约 600 平方米。系大山向东北延伸出的近似长条形山冈。山顶较平坦开阔，东、西坡较陡，北坡较缓。山体植被茂密，为杂草灌木覆盖，勘查十分困难。西北侧山脚下有一条通往简易码头的水泥路（图 3-171）。2017 年首次发现时，在路边断坎发现文化层堆积：第 1 层为表土层，土呈灰褐色；第 2 层为文化层，土色呈棕褐色，厚 50～80 厘米，内含零星红烧土粒和陶片；第 3 层为风化岩（图 3-172）。共采集陶片 12 片，其中夹砂绳纹黑陶 1 片；夹砂灰黄陶 2 片（绳纹 1 片、条纹 1 片）；夹砂红陶 4 片，素面；泥质陶 4 片（素面 1 片、条纹 3 片）；黑衣陶 1 片，条纹（图 3-173）。新石器时代至青铜时代。

图 3-171　魁山岛遗址（北—南）

图 3-172　魁山岛遗址文化层堆积

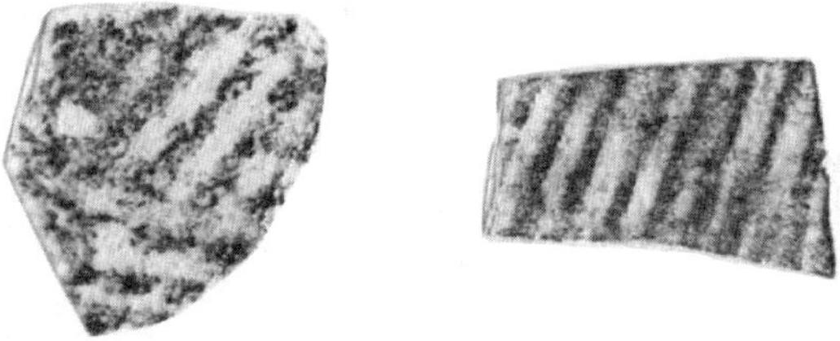

图 3-173　魁山岛遗址采集陶片纹饰拓片

第四章　关于霞浦县史前文化遗存的讨论

从 20 世纪 90 年代至今约 30 年的时间里，通过对黄瓜山遗址和屏风山遗址的考古发掘，以及近年在全县境内开展的专题性遗址考古调查，积累了十分丰富的资料和线索。围绕这些资料和线索持续开展的科学研究也不断取得进展，令霞浦县成为了解闽东地区史前文化发展脉络和文化内涵最重要的窗口。

第一节　霞浦县史前遗址分布的特点

霞浦县境内已知的 63 处史前遗址中，位于内陆山区的有 39 处，位于沿海地区的有 12 处，位于海岛的有 12 处。这些遗址为我们了解闽东地区史前聚落选址的特点提供了比较丰富的分析案例。

1. 内陆山区

位于内陆山区的遗址都在山间的小型盆地或河谷地带，其中以柏洋乡境内的遗址海拔最高，达到 500 米以上。这类遗址选址多邻近河流，且处在河曲内部或是两条支流交汇处的低矮山丘或是低缓的山坡台地，相对高度基本在 20～30 米，典型如郑家山遗址、坪岗山遗址、金山仔遗址、陈厝陇遗址等。例如，崇儒畲族乡的郑家山遗址（图 4-1），位于崇儒溪下游河谷盆地北侧的一级台地上，崇儒溪与其支流之一在遗址的西南侧交汇。又如柏洋乡的坪岗山遗址（图 4-2），位于柏洋溪上游河谷盆地西南侧的山冈上，南面处于柏

图 4-1　郑家山遗址地形图

图 4-2　坪岗山遗址地形图

洋溪的一道河曲内，同时柏洋溪与其支流之一在遗址西南侧交汇。二者都是背山临水，视野开阔。

2. 沿海地区

位于沿海地带的遗址选址主要有两个类型。第一类是选择在海湾内侧高大山顶，代表性遗址有黄竹峰遗址、屏风山遗址、葛洪山遗址等。这些遗址海拔都超过 150 米，宝清山遗址的海拔甚至接近 300 米，因此相对海平面高度也在 150～300 米。从上述遗址采集到的陶片标本以及文化层的内涵看，它们都属于青铜时代。即便如此，在沿海地带这样高度的史前遗址是比较少见的。这类遗址的选址颇有特点，其共同之处是山顶部分平坦开阔，视野良好；一面坡度较缓，可直达山下的滩涂，但其余方向坡度都十分陡峭。以沙江镇的葛洪山遗址为例，遗址位于一座海拔 230 余米的高大山冈上，西南侧山下是东吾洋，东北侧山下是福宁湾，除通往福宁湾方向的坡度较缓外，其余各方向都较为陡峭。距离葛洪山遗址不远的屏风山遗址亦是如此（图 4-3）。这种选址特点显然是将获取食物的便利性和聚落的安全防御都充分考虑在内。此外，值得注意的一个现象是，虽然霞浦的海岸线曲折漫长，但其沿海地带的遗址绝大多数都分布在东吾洋沿岸，更具体地说，是分布在东吾洋北侧和西侧沿

图 4-3　屏风山遗址（左）与葛洪山遗址（右）地形图

岸，尤以后者最为密集，有6处，但在东侧沿岸一处也没有，其原因尚不得而知。

第二类则是选择在紧靠滩涂相对独立的低矮山丘或是低缓的坡地，海拔基本上在50米以下，在数量比例上占多数，这类遗址从新石器时代到青铜时代皆有。代表遗址有黄瓜山遗址、厚首遗址、加头遗址、竹屿遗址等。这里以黄瓜山遗址和厚首遗址为例说明。黄瓜山遗址“地貌略呈马鞍形，东北—西南走向，南部最高海拔50米，北部次之，中部低缓。山之东、西两侧各有小溪穿流，并于山之南小马与水潮两村之间交汇后，流向闽东地区最大的内海湾——东吾洋”[①]（图4-4）。距离黄瓜山遗址南面约2千米的厚首遗址则紧邻海岸滩涂，其所在地是一座相对独立的不规则形小山丘，山顶平坦开阔，四面较为低缓，涨潮时遗址四面被海水包围（图4-5）。比较黄瓜山遗址和厚首遗址还是能发现二者之间存在的

图4-4　黄瓜山遗址地形图

① 福建省博物馆：《福建霞浦黄瓜山遗址发掘报告》，《福建文博》1994年第1期。

图 4-5　厚首遗址地形图

些许区别：黄瓜山遗址经过两次考古发掘，对其内涵揭露得较为充分，除了大量的贝壳堆积外，还发现了干栏式建筑的柱洞遗迹以及水稻等农作物遗存，可以基本确定的是，这是一处定居型遗址。厚首遗址虽然未经考古发掘，但从采集到的陶片标本看其内涵特点属于黄瓜山文化；从该遗址所处的位置特点，如紧邻滩涂、距离淡水水源较远，以及面积较小来看，其并不适宜定居生活，更可能是黄瓜山遗址居民一处季节性的取食地。

3. 海岛

目前已在西洋岛、小西洋岛、魁山岛、浮鹰岛、烽火岛、北礵岛 6 座海岛上发现 12 处遗址。其中又以西洋岛和北礵岛发现的数量居多，分别为 5 处和 3 处。

西洋岛的地势中间高，东西两面相对低缓，遗址都分布在邻近海岸线的山冈或坡地上，5 处遗址有 4 处位于该岛的西侧沿岸。其他岛上的遗址也基本上是位于岛的西侧。闽东沿海因受地形影响，常年盛行东风或东北风，所以在海岛的西侧选址应有避风的考虑。

更重要的是这些岛距离大陆近的仅有 3 千米，而且相互之间也只有 5 千米左右的距离。从地图上看，这些岛与大陆围成了一个小型的“地中海”。因此这些岛屿上遗址的分布还有可能是为便于与西侧的大陆往来（图 4-6）。一个有趣的现象是上述岛屿上发现的遗址极少发现贝丘堆积的现象，这是因地表风蚀、水土流失严重导致原有的贝丘堆积已被冲刷殆尽，还是这些岛上先民的生业模式发生了变化，值得后续研究中保持关注。

北礵岛的情况则略有些不同，其不仅距离大陆相对较远[①]，而且离最近的浮鹰岛也有约 20 千米的距离。从地形环境来看，其地势为中间高，四面坡度缓降，与其他各岛差别不大，但 3 处遗址却分别位于岛的北、西、东端坡地上（图 4-7）。北礵岛遗址分布特点所表现出的这种差异有可能反映了后者在当时可能与该区域沿海的大陆及其他岛屿的联系相对较弱，其生业策略基本依靠自给自足。

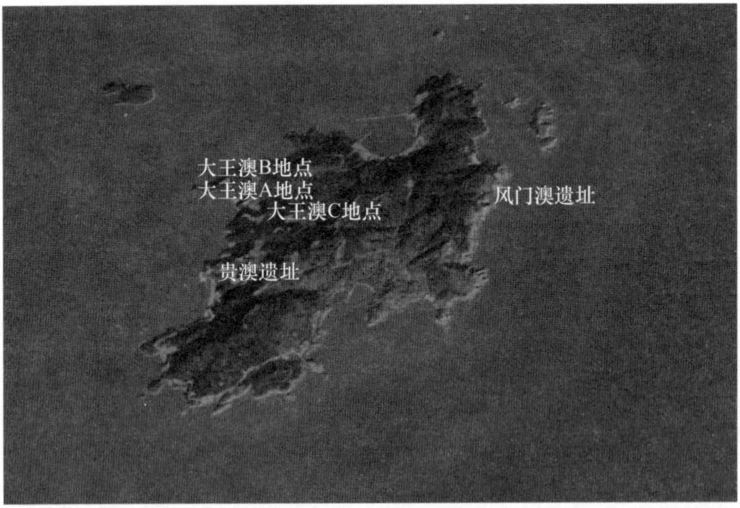

图 4-6　西洋岛遗址群地形图

① 现今最近的航线是从吕峡码头出发，航程约 25 千米。

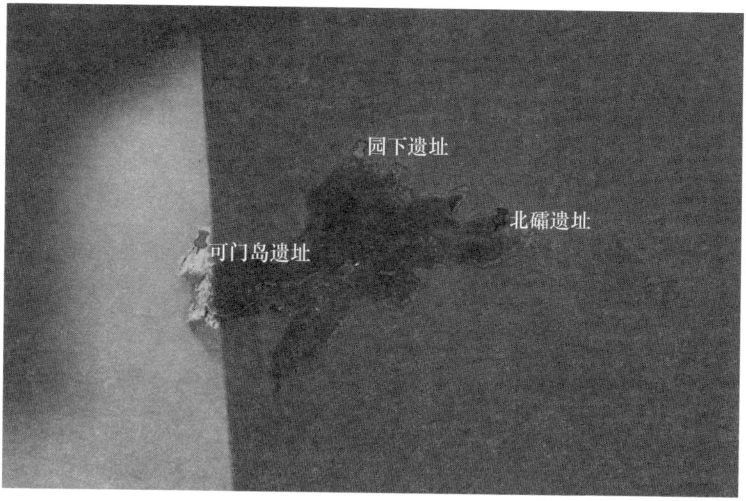

图 4-7　北礵岛遗址群地形图

第二节　闽东沿海地区史前文化年代序列

1. 新石器时代

根据目前所掌握的考古资料，一般认为闽东地区的新石器时代文化出现于新石器时代晚期的内陆山区[①]，较之闽江下游流域、九龙江流域最早的新石器时代文化都要晚不少，而沿海地区的新石器时代文化则出现得更晚——黄瓜山文化出现时已近福建新石器时代的尾声。闽东沿海地区是否存在早于黄瓜山文化的新石器时代古文化是一个十分重要的问题，因为这关系到解释福建沿海新石器时代早期文化来源的问题。闽江下游流域的壳丘头文化（距今

---

① 2015 年屏南县的下厝洋遗址 ^{14}C 测年为距今约 4800 年，目前是闽东内陆地区已知最早的新石器时代文化。

约 6500～5500 年）是福建沿海最早的新石器时代文化之一。早前已有研究者指出，壳丘头文化中含有若干河姆渡文化的因素[①]。2017 年在闽江下游流域的闽侯县大坪顶遗址首次发现了距今约 7500 年的陶器和炭化稻谷遗存，其很可能经由沿海自浙江传播到闽江下游流域[②]。赵志军也曾提出粟黍类作物在新石器时代晚期沿东南沿海向华南乃至东南亚地区传播的推测[③]。这些观点或推测的论证遇到的一大障碍就是在位于浙江和闽江下游流域之间的闽东沿海地区一直没有发现早于黄瓜山文化的新石器时代遗存。

2012 年，在马祖列岛的亮岛发现了以岛尾Ⅰ和岛尾Ⅱ命名的两处新石器时代早期遗址，除了出土石器、骨器、陶器（图 4-8、图 4-9）外，还发现了距今约 8300 年的"亮岛人"遗骸[④]。这一发现也为我们在闽东沿海寻找新石器时代早期的遗址提供了信心。而拥有最多岛屿的霞浦县无疑是最具潜在可能的区域。最近几年对霞浦沿海岛屿的调查中，在北礵岛和小西洋岛的遗址采集到的陶片标本引起了我们的关注[⑤]。这批陶片标本有如下几个特点：①基本上是夹砂陶，有的陶片厚约 1 厘米，极少见泥质陶；②陶片普遍质地疏松，表明烧制火候较低；③大部分陶片为素面，少数施红色陶衣，可见纹饰有绳纹和刻划几何纹。上述特征与区域内的黄瓜山文化以

---

① 福建博物院：《2004 年平潭壳丘头遗址发掘报告》，《福建文博》2009 年第 1 期。

② 吴卫：《新石器时代稻作农业在中国东南沿海传播路径的新思考》，《农业考古》2018 年第 4 期。

③ 赵志军：《从南山遗址浮选结果谈古代海洋通道》，2017 年中国东南及环太平洋地区史前考古国际学术研讨会发言。

④ 陈仲玉、邱鸿霖、游桂香等：《马祖亮岛岛尾遗址群发掘及"亮岛人"修复计划》，（中国台湾）连江县政府，2013 年，第 184 页。

⑤ 北礵岛和小西洋岛陶片标本及纹饰图片见本书第三章中关于两个遗址介绍的部分。

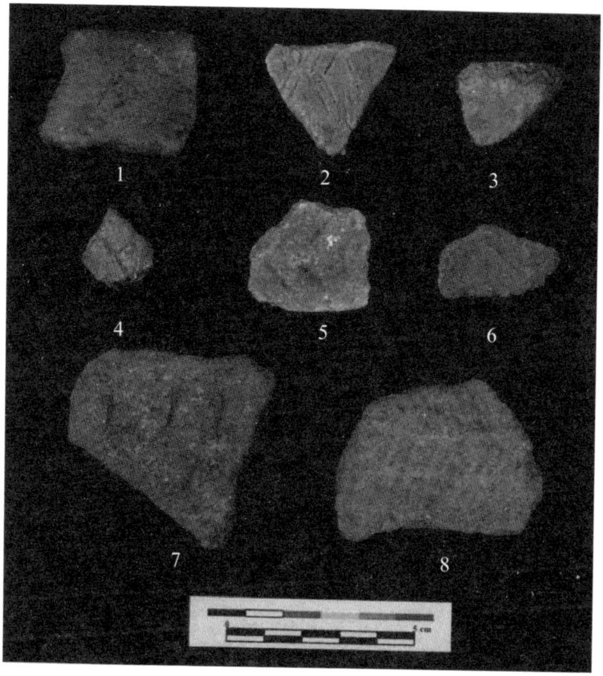

图 4-8 亮岛岛尾 I 遗址出土带刻划纹陶片

及青铜时代的陶片特点都存在较显著的差异。在亮岛的岛尾 I 遗址出土的 2086 件陶片中，夹砂陶占比近 98%，其中有纹饰的 384 片，占比约 18.51%，纹饰类型包括刻划纹、戳点纹、绳纹、贝齿纹等，部分还施加红色陶衣[①]。这些特点与前述海岛遗址中采集的标本有颇多相似之处。遗憾的是由于遗址地表长期受海风吹蚀，陶片遗存大多直接暴露，暂未发现文化层堆积，也未采集到可供测年的炭样或贝壳标本。所以对上述遗址的年代是否早于黄瓜山文化尚无更确切的证据。希望今后能对这几处遗址做更详细的踏查，并寻求科技考古的协助，以期能取得突破性的进展。

---

① 陈仲玉、邱鸿霖、游桂香等：《马祖亮岛岛尾遗址群发掘及“亮岛人”修复计划》，（中国台湾）连江县政府，2013 年，第 30、34 页。

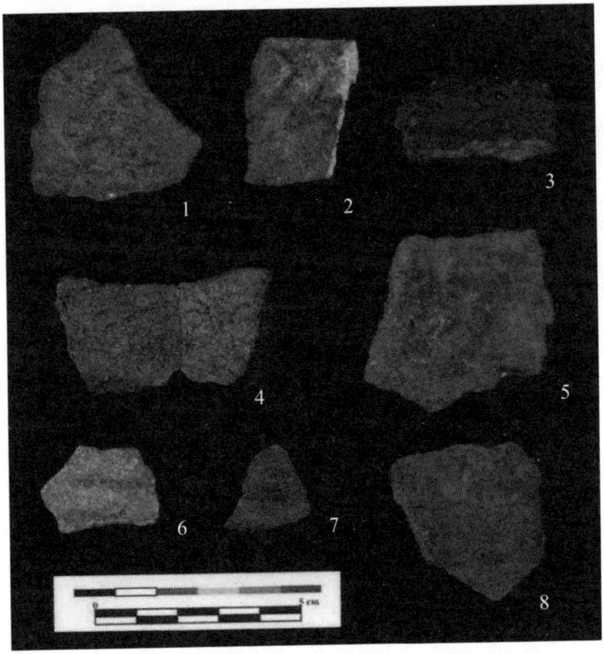

图 4-9 亮岛岛尾 I 遗址出土红衣陶[①]

学界普遍认为距今约 4300～3500 年是福建沿海新石器时代的末期阶段，大量的考古证据已确证黄瓜山文化是该阶段统治闽东地区以及闽江下游流域的考古学文化。

2. 青铜时代

在本书第二章已提及，屏风山遗址的考古发掘成果显示，闽东地区在黄瓜山文化之后进入了青铜时代。屏风山遗址的遗存与黄瓜山遗址上层遗存之间较高的相似性也反映了这种时代的转变很可能是由黄瓜山文化逐渐过渡，而不是以域外文化的强力侵入、

① 图片引自陈仲玉、邱鸿霖、游桂香等:《马祖亮岛岛尾遗址群发掘及"亮岛人"修复计划》,（中国台湾）连江县政府，2013 年，第 40、43 页。

快速取代前者的方式完成的。虽然闽东地区青铜时代遗址所做的考古发掘很少，除了霞浦的屏风山遗址外，另一处为宁德市霍童镇芦坪岗遗址。因此目前对闽东，特别是沿海地区青铜时代文化面貌的了解也主要依靠上述两个遗址的考古发掘资料。幸运的是，屏风山遗址和芦坪岗遗址的遗存在年代上大致能够前后衔接。芦坪岗遗址出土的印纹硬陶在纹饰和仿青铜器风格上与闽江下游流域的黄土仑文化十分相似，而遗址出土的原始瓷，如豆、罐等，多在肩部或口沿以贴塑方式装饰一对或两对绳索形或螺旋形饰件，而且器身普遍施釉较厚，多有凝釉现象，这些都是西周晚期至春秋早期原始瓷的典型特征①。通过对屏风山遗址上层、葛洪山遗址以及田湾遗址等霞浦境内其他几处遗址采集到的原始瓷标本与芦坪岗遗址出土原始瓷的比较判断，两者显然属于同一个时期，由此也可以判断包括霞浦县在内的闽东沿海地区青铜时代的下限应为西周晚期至春秋早期。

综上所述，目前我们可以初步得出这样一个闽东沿海新石器时代至青铜时代古文化的年代序列（表 4-1）。

表 4-1　闽东沿海新石器时代至青铜时代古文化的年代序列

文化性质	代表性遗址、遗存	年代
新石器时代	北礵遗址、小西洋遗址	可能早于 4.3kaB.P.
	黄瓜山遗址下层	4.3ka～3.8kaB.P.
青铜时代	黄瓜山遗址上层、屏风山遗址	3.7ka～3.5kaB.P.
	芦坪岗遗址	3.2ka～2.7kaB.P.

① 福建博物院：《宁德芦坪岗遗址发掘报告》,《福建文博》2000 年第 2 期。

在近年来在对闽江下游流域的平潭岛平原镇龟山遗址[①]、东花丘遗址等青铜时代遗址的发掘过程中，发现夹砂陶在陶器中占据大比例，此现象与同时期福州盆地青铜时代遗址以印纹硬陶占绝对优势的特点很是不同。有观点认为前者可能反映了闽江下游流域土著文化的陶器传统[②]。屏风山遗址的发掘也同样发现夹砂陶占大比例的现象[③]，在陶器纹饰、器形上与平潭岛的龟山遗址出土器物多有近似之处，而且二者的年代也比较一致[④]，种种迹象显示，进入青铜时代后，来自闽江上游的文化因素——以仿青铜器风格的印纹硬陶最为显著——借由闽江水系快速向下游强势地扩散冲击，成为闽江下游流域黄土仑文化的重要来源。而闽江口及其以北的沿海地区因处于闽江下游流域的边缘，所以其文化遗存中仍保持着较明显的土著文化特征。

第三节　史前文化内涵的演变

新石器时代末期在闽东沿海地区兴起的黄瓜山文化较之早前的昙石山文化和壳丘头文化，遗址数量大幅增加，尤其在闽东沿海各县市的分布最为密集，其中在霞浦县境内就已发现 20 余处。不仅如此，黄瓜山文化的扩散范围也是空前的：一方面，从浙江南部直至福建南部的厦门灌口镇，甚至台湾岛的西部沿海都有其踪迹；另

---

① 在福建省昙石山遗址博物馆编著的《闽江下游流域史前遗址考古调查与研究》一书中该遗址被记录为上攀遗址。

② 黄运明副研究员曾在 2017 年福建博物院考古工作汇报会上提出这一观点，惜未见正式撰文发表。

③ 福建博物院、霞浦县博物馆：《福建霞浦县屏风山贝丘遗址 2016 年发掘简报》，《福建文博》2017 年第 1 期。

④ 闽江学院黄运明副研究员提供的 ^{14}C 测年数据显示，龟山遗址上层遗存年代为距今约 3600 年。

一方面，其深入内陆，不仅从闽江下游的干流沿岸直至中游的南平市樟湖镇，而且在闽江的各重要支流流域如大樟溪、安仁溪、龙江等的上游或中游亦见分布。

限于目前所掌握的考古资料，我们对闽东沿海地区新石器时代至青铜时代文化内涵的了解主要基于对霞浦县境内的黄瓜山遗址和屏风山遗址所开展研究的成果。在此可分为生业经济、技术水平、社会意识三个方面来阐述。

一、生业经济

从沿海地带该时期的遗址，如霞浦县黄瓜山遗址下层仍存在大量贝丘堆积的现象看，渔猎捕捞在其生业经济中仍居重要地位，黄瓜山遗址的先民至少采集 15 种海贝为食，其中泥蚶和牡蛎占比最高，分别达 68.5% 和 28.2%[①]。这一生业传统直到青铜时代仍得以延续。屏风山遗址出土的动物遗骸包括陆生动物骨骼、海生动物遗骸和贝壳。陆生动物骨骼经初步鉴定，有猪、鹿、狗及小型食肉类动物等（图 4-10）。海生动物骨骼以鱼类为主。贝壳种类以泥蚶、牡蛎为主，还有丽文蛤、青蛤、蝾螺等，均属于海生种类。在与屏风山遗址同时期的葛洪山遗址同样发现了贝丘堆积现象。

但是黄瓜山文化时期在食物生产方面已有较长足的进步，农业在生业经济中所占的比重逐渐超过渔猎捕捞。尤为引人瞩目的是，种植农业得到了显著的发展，不仅稻旱混作农业继续发展，而且作物品种也更为丰富，除了水稻和粟外，还出现了东南沿海地区已知最早的大麦、小麦种植[②]。农业生产的发展也推动了家畜的饲养，已

---

① 福建博物院：《福建霞浦黄瓜山遗址第二次发掘》，《福建文博》2004 年第 3 期。

② Jiao, T. *The Neolithic of Southeast China*. New York: Cambria Press, 2007.

图 4-10 屏风山遗址出土动物骨骼标本[①]

知饲养的动物包括猪和狗。在黄瓜山遗址出土的动物骨骼中，家猪骨骼的比例达到了 25%[②]。这也反映了农业生产已有相当的规模，不仅能满足居民的食物需求，还能大量用于动物的饲养。生业技能的进步也令黄瓜山文化有了更强的适应和改造自然环境的能力，令其不仅在沿海地区立足，而且也有能力向内陆山区广泛传播。从霞浦境内已知遗址分布情况来看，黄瓜山文化时期的遗址在北部海拔最高的山区也有分布，如柏洋乡的坪岗山遗址，海拔已在 530 米以上。

二、技术水平

主要表现在陶器制作技术、石器制作技术以及航海技术三个方

① 本图片由黄运明副研究员提供。

② 焦天龙、范雪春:《福建与南岛语族》，科学出版社，2020 年，第 121 页。

面。关于航海技术目前缺乏诸如码头或是舟船及其附属构件这一类直接的实物资料，因此这部分内容将结合后文跨海峡活动的考察进行论述。此处主要讨论陶器以及石器制作技术。

黄瓜山文化陶器最显著的特点就是彩陶的大量出现。在此之前，福建的彩陶发展极其缓慢，内容也比较单调。从壳丘头文化时期至昙石山下层文化时期，在一些夹砂陶器的外表及口沿可见一层红色陶衣，这正是闽东沿海地区乃至福建境内彩陶文化的早期形态。其制作手法为将红彩刷涂在器物上半部的表面，但往往刷涂得很不均匀，而且在相当长的时间里都未出现纹饰图案。昙石山文化时期的彩陶不仅继续保持了对红彩的专好，在纹饰上也开始有所发展：除器物外表施红色彩衣的手法继续得到保留外，还出现了环绕器物的口沿一周施加的宽带状红彩，以及施加在器身上的卵点状红彩等简单的纹饰[①]。但这一时期彩陶在本区域出土的陶器中占比始终很低。此外，从已发现的彩陶多出于墓葬这一现象看，彩陶很可能主要用于祭祀类活动，而与日常生活鲜有关联。

黄瓜山文化时期，福建的彩陶文化进入第二阶段，这也是新石器时代福建境内彩陶最繁荣的阶段，主要表现在两个方面。

首先，传播范围空前的广泛。除了闽东地区和闽江下游流域两个分布最为密集的区域外，黄瓜山文化的彩陶还在三个区域有分布：①浙江南部的温州、苍南、泰顺等地境内[②]；②闽江中上游地区，虽然对这一区域开展的考古调查较少，但是在古田、建瓯等县市的调查资料中均有采集到该时期的彩陶标本的报告[③]；③闽江口

---

① 吴卫：《略论闽江下游流域新石器时代的彩陶》，《文物春秋》2017 年第 2 期。

② 林公务：《福建境内史前文化的基本特点和区系类型》，《福建历史文化与博物馆学研究》，福建教育出版社，1993 年。

③ 可参阅《福建省文物地图集》和《闽江下游流域史前遗址考古调查与研究》中有关古田和建瓯的遗址调查资料。

以南的沿海地区（包括台湾西海岸在内）。目前在沿海陆地的分布已知最远端达厦门市灌口镇。2007 年，漳州市南靖县一处名为石土地公山的青铜时代遗址出土了一件彩陶罐，其上半部绘有赭色的平行斜线纹和变形云雷纹，下半部则拍印方格纹[①]，显示出与黄瓜山文化彩陶强烈的相似性。这反映了黄瓜山文化的某些因素可能已进入漳州地区的西部内陆。

其次，彩陶的类型和数量更加丰富。除釜、罐、杯、壶外，还新出现了大量彩陶纺轮以及尊、钵等新器形。显然较之早期的彩陶文化，这一时期彩陶已成为普遍使用的生产生活用品。

最后，彩陶的风格特色极其鲜明，色彩和纹饰造型均较以往发生了很大的变化。从色彩上看，早期彩陶使用红彩的传统已不见，取而代之的是黑色或褐色的大量使用；纹饰造型的表现形式也更为丰富，不仅斜线纹、雷纹、折线纹、旋涡纹、方格纹及其相互组合而成的几何形纹饰成为最主要的纹饰造型，而且出现少量以简略抽象的线条描绘动、植物，甚至人类活动的纹饰（图 4-11、图 4-12；图版六、图版七）。

虽然黄瓜山文化在福建沿海地区传播甚广，特别在闽江下游流域成为继昙石山文化后又一个占统治地位的区域古文化。但是比较霞浦和福州两地出土的彩陶后会发现，后者的彩陶不论纹饰的多样性还是绘制的精细程度都不如前者。如昙石山遗址出土了大量的黄瓜山文化彩陶，纹饰绝大多数以相对单一的网格纹、斜线纹、云雷纹为主，绘制也较为草率（图 4-13）[②]。2016 年在对闽侯县洋里乡大坪顶遗址的探掘中，发现了房址、灰坑等多个黄瓜山文化时期的遗

---

① 福建博物院：《21 世纪初福建基建考古重要发现》，福建人民出版社，2009 年。

② 福建博物院、福建省昙石山遗址博物馆：《昙石山遗址 1954—2004 考古发掘报告》，海峡书局，2015 年。

图 4-11　黄瓜山文化彩陶纹样（一）①

1、2、10. 花草纹　3、4、9、13. 曲折纹　5、6、8、11、14、16～18、20. 云雷纹　7. 方格纹　12. 网格纹　15. 梯格纹　19. 横竖条相间纹　21～23. 斜线三角纹

图 4-12　黄瓜山文化彩陶纹样（二）

1、6、15～18. 云雷纹　2、8. 彩边方框、三角加点纹　3. 垂幔竖条纹　4、5. 曲折纹　7. 菱格纹　9. 山水纹　10. 云雷纹与网纹组合纹　11. 菱格加点与斜线三角组合纹　12. 旋涡纹　13. 斜线三角与花草纹组合　14. 垂幔与花草组合纹

---

① 图片及纹饰名称引自福建省博物馆:《福建霞浦黄瓜山遗址发掘报告》,《福建文博》1994 年第 1 期。

图 4-13 昙石山遗址出土彩陶纹饰[①]

迹，出土了陶器、石器和大量陶片，但彩陶数量却很少，黄瓜山文化最具特色的彩陶纺轮则完全不见[②]。大坪顶遗址位于安仁溪上游，是闽江中游和下游的交界地带。上述现象是否与闽江下游流域在这一时期受到来自上游地区印纹硬陶文化影响有关尚待进一步研究。

虽然对黄瓜山文化彩陶的颜料成分和来源进行科技检测分析的工作尚未开展，但参照其他地区彩陶的相关检测和研究成果，还是

① 图片引用自福建博物院、福建省昙石山遗址博物馆：《昙石山遗址图说》，海峡书局，2014 年，第 64 页。

② 福建省昙石山遗址博物馆：《闽江下游流域史前遗址考古调查与研究》，科学出版社，2017 年。

可以得出一些推论的。一般认为新石器时代红彩的主要来源有朱砂和赤铁矿，但因赤铁矿具有经高温烧灼也不变色的特点，所以彩陶上的红彩的原料应为赤铁矿。至于黑彩的原料，则主要为磁铁矿和黑锰矿。但曾有试验显示，若以黑锰矿为原料绘制黑彩，遇高温烧灼锰元素会发生分解而导致褪色；而将之与赤铁矿混合后，不仅固色效果良好，而且随黑锰矿比例的高低不同，烧制后呈现的色彩也由深及浅表现为黑色—褐色—赭色[①]。观之黄瓜山文化的彩陶,其色彩上出现的差异与此相符。这反映了黄瓜山文化时期之人应当也掌握了这种颜料的制作技术。当然，这些推论是否正确还有待于今后进行相关的检测予以进一步验证。

除了彩陶外，在黄瓜山文化时期黑衣陶成为一个重要的文化因素存在于本区域，并一直延续到青铜文化时期。这种黑衣陶有学者将之称作“泥釉黑陶”，其原因就在于这种施加于陶器表面的涂层的成分已接近釉的成分，其差异主要是由于烧制温度的高低不同[②]。在黄瓜山文化晚期，一些施黑衣硬陶的陶胎已采用精炼的黏土，质地已十分接近瓷土。在进入青铜时代后，部分施衣硬陶上常可发现其表面有部分区域的涂层有玻璃化的现象，显示这一时期硬陶的烧制火候已经接近原始瓷的烧制火候。例如，昙石山遗址出土的一件编号为 2001MTT5 ②：1 的硬陶杯（图 4-14），内外皆施黑褐色陶衣，在其内壁上呈现出明显的青釉。虽然尚不能由此认定系人工施釉，但这显然是陶片的涂层受到高温焙烧后才会产生的现象。此

---

① 可参考：马清林：《甘肃秦安大地湾遗址出土彩陶（彩绘陶）颜料以及块状颜料分析研究》，《文物》2001 年第 8 期；董俊卿、朱铁权、毛振伟等：《双墩遗址、侯家寨遗址彩陶与红衣陶制作工艺的初步研究》，《东南文化》2006 年第 1 期；陈晓峰、马清林、赵广田等：《半山、马厂类型黑、红复彩陶器复合颜料研究》，《兰州大学学报》2000 年第 5 期。

② 李家治：《浙江江山泥釉黑陶与原始瓷研究》，《中国古陶瓷研究》，科学出版社，1987 年。

图 4-14　硬陶杯（2001MTT5 ②：1）及其内壁的釉面

外，芝山遗址出土的一件编号为 T3 ④：13 的原始瓷豆柄残件（图 4-15）也颇为特别，这件残豆柄外表附有一层青绿色薄釉，但因火候原因未完全玻璃化，豆柄有三周凸棱，而且在中间的凸棱上还刻划有交错的斜线三角纹。刻划斜线三角纹最早出现于黄瓜山文化时期，是该时期陶器上常见的典型纹饰，黄土仑文化也继承了这种纹饰。在本区域同时期其他遗址出土的硬陶豆柄上亦可找到相同的造型和纹饰。在本区域同时期其他遗址出土的硬陶豆柄上亦可找到相同的造型和纹饰。例如，2011 年闽侯鸿尾乡坪峰山遗址的发掘中就出土了大量同样造型的硬陶豆柄残件（图 4-16）[①]。因此在芝

图 4-15　芝山遗址出土原始瓷豆柄

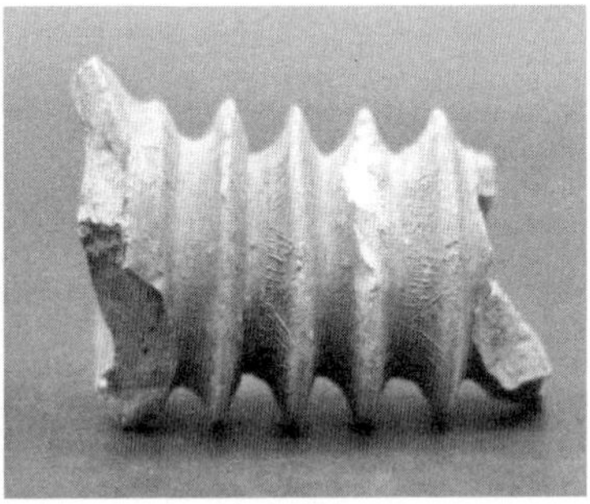

图 4-16　坪峰山遗址出土硬陶豆柄

① 福建省昙石山遗址博物馆：《闽侯县坪峰山遗址 2013 年试掘简报》，《福建文博》2015 年第 4 期。

山遗址出土的这件原始瓷豆柄残件显著表现出其区域性特色。上述现象都表明至少在进入青铜时代后，在闽江下游流域已具备烧造原始瓷所需的技术前提，上文提及的闽侯县芝山遗址很可能就是一处烧制原始瓷的窑址遗存。限于考古资料，目前在霞浦县境内的原始瓷都是零星采集的标本，宁德霍童镇芦坪岗遗址虽然出土原始瓷较多，但主要来自墓葬，而且这批原始瓷的形制特点多为西周晚期至春秋时期所见，因此还无法得知闽东沿海原始瓷的来源。目前的可能性有三个：自闽江下游流域北上传入，抑或是自浙南或闽北山区南下传入，抑或是二者皆有。

黄瓜山文化时期，石器仍然是最主要的生产工具，这一时期的石器仍然以小型的锛和镞为主，此外还有凿、戈、砺石、凹石等，少数小型石器磨制精细，大部分属打制后粗磨，有的仅限于刃部磨制[①]。这一时期的石器比较具有代表性的有凹石、有肩石器和有段石器。

凹石主要分布在台湾海峡两岸的海岛或滨海区域，“是闽台地区有强烈地方特色的一种文化遗物，同时也反映出海峡两岸处在相同的经济形态，即采集、渔猎为主的海岸－台地类型的贝丘文化”[②]。早在距今约5000年的昙石山文化和大帽山文化时期，就已经出现了凹石这种工具。以霞浦县各遗址发现的凹石为例，其材质为砂岩或河卵石，器身未做加工所以形状并不统一，圆形、椭圆形乃至不规则形皆有。凹坑位置也不固定，有的仅单面有凹坑，有的则双面，甚至多面都有凹坑。关于凹石的用途，大多数研究者认为是采食潮间带的贝类时用于砸开贝壳的工具。对此观点还应该做进一步的讨论：其一，凹石即使是在贝丘遗址中出土的数量也不多，昙

① 福建省博物馆：《福建霞浦黄瓜山遗址发掘报告》，《福建文博》1994年第1期。

② 郑辉：《闽台凹石初探》，《福建文博》1990年增刊。

石山遗址历次发掘仅出土2件[①]，黄瓜山遗址第一次发掘也仅出土7件，显然不像是一种被普遍使用的取食工具。其二，在新石器时代的壳丘头文化时期至黄瓜山文化时期，贝类主要是使用陶釜一类的容器来煮食，仅从贝丘遗址中的贝壳基本都是完整的这一现象就能证明。因此凹石应该有其他的用途，如其中形状较扁平、单面有凹坑的凹石更有可能作为研磨某些材料的工具。

有肩石器是指上部有双肩结构的石器，一般为斧、锛或铲。在黄瓜山文化之前，福建境内的新石器时代文化中未见有肩石器。一般认为有肩石器起源于华南地区，其传播路线大致是向北传入长江中下游流域，再经浙江辗转进入福建[②]。黄瓜山文化时期出现了有肩石斧、有肩石锛等器形。这两种器形的石器在霞浦黄瓜山遗址的考古发掘中都有发现，但从出土数量比较稀少这一现象来看，这类器形在当时的应用应该不是很广泛。

黄瓜山文化中的有段石器主要是指有段石锛，这是一类在背部中段的位置有凸脊、凹槽或是台阶的石锛。傅宪国先生根据有段石锛段部及剖面特征的差异，将其分为隆脊形、弧背形、台阶形、凹槽形和有肩形五式[③]。在福建境内地区目前发现的有段石锛有隆脊形[④]、台阶形和有肩形三式，其中台阶形一般认为属于青铜时代才出现的器形；新石器时代福建沿海地区的有段石锛中以隆脊形占绝对多数，至迟在昙石山文化和大帽山文化中已经出现，但是这两个时期的有段石锛在出土石锛中所占比例并不高。例如，昙石山遗址第六次发掘在中层和下层共出土41件可辨型式的石锛，其中有段石

① 福建博物院、福建省昙石山遗址博物馆：《昙石山遗址1954—2004考古发掘报告》，海峡书局，2015年，第47页。

② 傅宪国：《论有段石锛和有肩石器》，《考古学报》1988年第1期。

③ 傅宪国：《论有段石锛和有肩石器》，《考古学报》1988年第1期。

④ 林恭务先生执笔的多个发掘报告中都把这些有段石锛的特征形容为“弓背”，对应傅宪国先生的分类应为“隆脊形”，本书采用后者的分类。

锛 2 件，占比不足 5%[①]；又如闽侯庄边山遗址下层，即属于昙石山文化时期出土可辨型式的石锛共 52 件，其中有段石锛仅 3 件，占比同样不足 5%[②]。到黄瓜山文化时期，有段石锛的数量占比显著提高。例如，在庄边山遗址上层出土的 92 件可辨型式的石锛中，有段石锛就有 27 件，占比约 29%[③]；在 1989 年黄瓜山遗址第一次考古发掘中，下层出土的 65 件可辨型式的石锛中有段石锛有 30 件，占比约 46%；上层出土的 200 件可辨型式的石锛中，有段石锛有 80 件，占比约 40%[④]。这些有段石锛除极少数为有肩有段石锛外，其他都属于隆脊形。林惠祥先生曾指出，有肩石器和有段石器是中国东南地区新石器时代文化的重要特征。除了我国的台湾地区外，广泛分布在南太平洋岛屿上的南岛语族也曾普遍使用这类石器[⑤]。研究显示，有段石锛起源于长江下游，主要沿东南沿海传入福建，继而传入台湾地区乃至南太平洋地区[⑥]。因此有肩石器和有段石器也是研究南岛语族起源的一个重要材料。

三、社会意识

从目前已发现的黄瓜山文化时期的遗迹遗存来看，这一时期的

---

① 数据来自福建省博物馆：《闽侯昙石山遗址第六次发掘报告》，《考古学报》1976 年第 1 期。

② 数据来自福建省博物馆：《福建闽侯庄边山遗址发掘报告》，《考古学报》1998 年第 2 期。

③ 数据来自福建省博物馆：《闽侯昙石山遗址第六次发掘报告》，《考古学报》1976 年第 1 期。

④ 数据参考自福建省博物馆：福建省博物馆：《福建霞浦黄瓜山遗址发掘报告》，《福建文博》1994 年第 1 期。

⑤ 林惠祥：《中国东南区新石器文化特征之一——有段石锛》，《考古学报》1958 年第 3 期。

⑥ 傅宪国：《论有段石锛和有肩石器》，《考古学报》1988 年第 1 期。

生产力已有较大的进步，在闽东沿海和内陆山区都分布有较多的聚落。鉴于其种植农业已有相当程度的发展，以及在霞浦县黄瓜山遗址发现有壕沟及干栏式建筑的柱洞遗迹等现象[①]也可推断这一时期的先民已过上定居生活。但是这些遗址也普遍反映出一个特点，即黄瓜山时期的聚落规模仍然是比较小的，此外，从出土遗迹来看，当时的聚落形态较之前的昙石山文化时期而言并未发生本质的变化，因此黄瓜山文化时期的社会形态总体还停留在原始氏族部落的阶段。

由于目前仍未发现黄瓜山文化时期的墓葬，给我们推测当时社会阶层分化情况、丧葬习俗等问题造成了很大的困难。黄瓜山文化中独具特色的彩陶纺轮能为我们了解这一时期诸如原始崇拜、审美倾向等社会意识提供一扇观察的窗口。

黄瓜山文化彩陶纺轮的制作通常先是将纺轮通体施赭黄色陶衣，然后在纺轮上以富含铁、锰元素的矿物颜料描绘或刻划纹饰，也有部分纺轮没有施陶衣而直接描绘纹饰。经烧制后，这些线条呈深红或深赭色。彩陶纺轮纹饰种类主要有“十”形、“人”形、“*”形和旋涡形。

李泽厚先生曾以仰韶文化和马家窑文化为例对新石器时代彩陶器的几何纹饰有以下表述：“其实，仰韶和马家窑的某些几何纹样已比较清晰地表明，它们是由动物的写实而逐渐变为抽象化、符号化的。由再现（模拟）到表现（抽象化），由写实到符号化，这正是一个从内容到形式的积淀过程。也正是美作为‘有意味的形式’形成的原始过程。”[②]所谓“有意味的形式”,指的正是带有某种原始宗教信仰色彩的形式。这一表述恰如其分地展现了史前文化中审美

---

① 福建省博物馆：《福建霞浦黄瓜山遗址发掘报告》,《福建文博》1994年第1期。

② 李泽厚：《美的历程》，生活·读书·新知三联书店，2009年，第25页。

与宗教信仰的密切关系。

对纺轮纹饰所表达的原始宗教信仰比较普遍的观点有两种。一种观点认为纺轮的纹饰与太阳崇拜有着密切的关联。例如，有观点认为，纺轮上的“十”形、“人”形、“大”形、“*”形及八角形纹饰均属于太阳纹[①]，表达了史前先民对太阳的崇拜。还有一种观点则认为纺轮与其被施加的纹饰是一个整体，反映了史前先民对天体的崇拜。有学者认为，古人用于祭祀天地的玉璧，其前身就是纺轮[②]。例如，有观点认为，屈家岭文化中的彩陶纺轮不是普通的生产工具，而是已演变成一种“祭祀天神的法器”[③]。从广义上说，对太阳的崇拜是可以纳入对天体的崇拜中的，因此彩陶纺轮，以及部分带戳点或刻划纹饰的纺轮亦可能有此功能，其理由有二：其一，“石器时代人都认识天为万物之源，天就是宇宙间的至高无上的大神”[④]。裴駰的《史记集解》中引《汉书音义》云：“陶家名模下圆转者为钧，以其能制器为大小，比之于天。”又引崔浩语云：“以钧制万器殊，故如造化也。”钧的本义为制陶的转轮，由于转轮制器造型多样，古人认为其堪比天的造化之能，钧的含义也因此被引申为天。而纺轮用于纺线织造，也有类似于钧的造化之能。其二，天的运转呈现出周而复始、循环不绝的特点，纺轮的形状和使用特点与之甚为契合。《老子》有云：“有物混成，先天地生，寂兮寥兮，独立而不改，周行而不殆，可以为天地母。”这里的“混成之物”就是自天地初开就存在于宇宙中的混沌之气。在纺轮上施加

---

① 刘昭瑞：《论新石器时代的纺轮及其纹饰的文化涵义》，《中国文化》第11期。

② 周南泉：《试论太湖地区新时期时代玉器》，《考古与文物》1985年第1期。

③ 蔡运章：《屈家岭文化的天体崇拜——兼谈纺轮向玉璧的转变》，《中原文物》1996年第2期。

④ 丁山：《中国古代宗教与神话考》，龙门联合书局，1961，第171页。

的旋涡或直线纹饰不仅强化了天体旋转的视觉效果，还突出了混沌之气在天地间运转的特点。黄瓜山文化时期的纺轮中，有相当数量带旋涡纹、十字纹等纹饰，这或许也反映了当时存在着天体崇拜的现象。

第四节　福建史前海洋文化的繁荣期

福建史前海洋文化兴起于距今约七八千年的新石器时代早期，前后延续了4000余年，是新石器时代福建沿海地区极富特色的区域性文化。从近年来考古研究所取得的成果来看，福建沿海地区的新石器时代文化应该可分为两个分区：一个是以闽江下游流域为中心的闽东沿海地区；另一个则是该区域以南的闽南沿海地区。

一、黄瓜山文化时期的跨海峡活动

在新石器时代早期，台湾海峡的古文化仅分布于海峡西侧的沿海岛屿及闽江古河口附近的内陆山地，尚未开始跨越海峡向台湾岛扩散。在此之后该区域先后出现过三个比较明确的跨海峡扩散活跃期：第一个活跃期在约6ka～5kaB.P.，大致以平潭岛→台北盆地为扩散路线。这一时期壳丘头文化在福建沿海岛屿兴起后开始向东跨海扩散，在抵达西北部的台北盆地后催生出台湾地区最早的新石器时代文化——大坌坑文化。从出土陶器来看，至少有两个比较显著的证据。其一，大坌坑文化早期阶段的陶器纹饰与壳丘头文化一样都以粗绳纹、戳点纹、压印贝齿纹为主，而且二者都有将罐口沿加工成锯齿状的现象。压印贝齿纹和锯齿形口沿在壳丘头文化之后就基本在福建沿海地区消失了。其二，在壳丘头文化的罐类陶器中有一种独特的器形，其罐口沿上方内折呈敛口，并在外沿形成一道凸棱，颈部内收[①]。这类罐也常见于大坌坑文化中，我国台湾地区的考古研究者称之为盘口罐，又因其颈部大多存在一道外凸程度不一的脊线（凸棱），也习惯称作“带突脊陶罐”。这种盘口罐存在于大坌坑文化早、中期，晚期不见。

第二个活跃期在约 5ka～4.3kaB.P.，扩散路线相对第一个活跃期南移，大致为东山岛→澎湖列岛→台湾岛西南部。这期间闽东沿海的昙石山文化总体上并未表现出积极向海洋扩散的迹象，闽南沿海与台湾地区的交流却处在相当活跃的状态。具体体现在大帽山文化与台湾西南部及澎湖群岛的南关里遗址、南关里东遗址、果叶 A 遗址、锁港遗址等大坌坑文化晚期阶段及后继的细绳纹陶文化之间的高度相似性上[②]。

第三个活跃期在约 3.8ka～3.5kaB.P.，这一时期扩散路线再度北移。此时黄瓜山文化在台湾海峡两岸的扩散十分活跃，不论规模还是文化影响都超过了此前的壳丘头文化时期和昙石山文化 - 大帽山文化时期。闽东沿海大陆与岛屿都有多处该时期遗址被发现，扩散路线已较之前两个活跃期大幅拓宽，不再是早期点对点式，而是多点齐发，表现为闽东沿海→台湾岛的北部至中南部。这期间海峡两岸的交流更为密切，因此相关的考古证据也较之前的时期更为丰富。主要表现为早期自海峡西岸的福建东部沿海向东岸台湾岛的单向传播，到新石器时代末期则出现了文化双向交流的现象，其中在石器、陶器的制作技术以及种植农业技术的传播交流上表现尤为突出。

研究显示，石器是新石器时代台湾海峡两岸物质交流的重要内

---

① 壳丘头文化的盘口罐在较长一个时期内没有受到关注，在 1992 年发表的《福建平潭壳丘头发掘简报》中相关的图、文描述都十分简略；直至 2019 年研究者对壳丘头遗址出土器物进行一次全面的整理，并将成果以《平潭壳丘头遗址图录》的形式出版后，才有了较完整的相关图文资料可参考。

② 焦天龙、范雪春：《福建与南岛语族》，中华书局，2010 年。

容之一。早在大帽山文化时期，位于澎湖列岛的七美屿上的石器工场就把石器产品交易到台湾西南沿海和闽南沿海地区①。研究者也曾对黄瓜山遗址石器成分进行检测，结果显示其原料并非产自遗址周边区域②，但遗憾的是对此未进行进一步研究。

陶器制作技术上最显著的证据即为彩陶的传播。前文已提及，黄瓜山文化的彩陶与福建沿海地区较之早期的考古学文化的彩陶风格特点完全不同。其以红、褐两种色彩为主，通常在器物的颈、肩和腹部绘出几何纹饰图案，常见的有网格纹、曲折纹、平行条带纹、弧线纹等③。这类彩陶目前已在台湾西海岸多处遗址中都有发现，如芝山岩遗址、凤鼻头遗址（图 4-17）。从已掌握的测年数据上看，分别位于台湾北部的芝山岩遗址下层和中南部的凤鼻头文化第二期 ^{14}C 测年数据相当一致，都在 3.5kaB.P. 左右④。这显示黄瓜山文化向台湾岛的扩散很可能是一个较为缓慢但持续的过程，即最初仅在福建沿海活动，由近及远逐步扩散至各岛屿，直至黄瓜山文化的晚期方抵达台湾岛。与前两个活跃期不同的是，黄瓜山文化扩散至台湾岛后可能还遇到了同时期其他文化的有力竞争，从而在台湾岛形成一种多文化并立的局面。例如，在台北盆地仅在芝山岩遗

---

① Zhengfu Guo, Tianlong Jiao, Barry V. Rolett, etc. Tracking Neolithic Interactions in Southeast China: Evidence from Stone Adze Geochemistry, *Geoarchaeology: An International Journal.* 2005, 20(8): 765-776.

② Barry V. Rolett, Zhengfu Guo, Tianlong Jiao.Geological Sourcing of Volcanic Stone Adzes from Neolithic Sites in Southeast China. *Asian Perspectives*, 2007, 46(2).

③ 福建省博物馆：《福建霞浦黄瓜山遗址发掘报告》，《福建文博》1994年第1期。

④ Tsang Cheng-hwa.*Maritime Adaption in Prehistoric Southeast China: Implications for the Problem of Austronesian Expansion. Journal of East Asian Archaeology, 2001, 3(1-2):15-46.*

古文化 遗址 陶器	黄瓜山文化	芝山岩文化	
	黄瓜山遗址	芝山岩遗址	凤鼻头遗址
罐	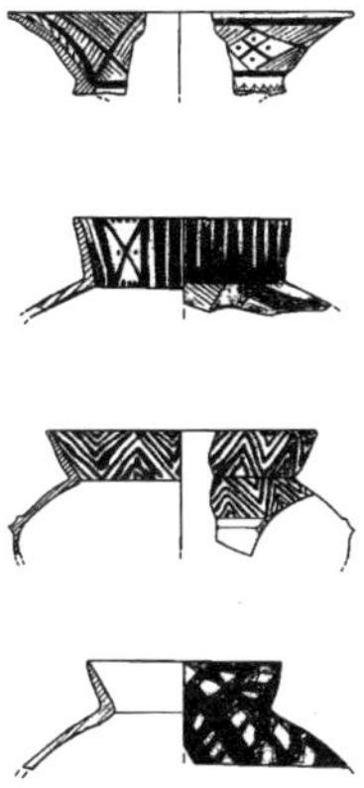	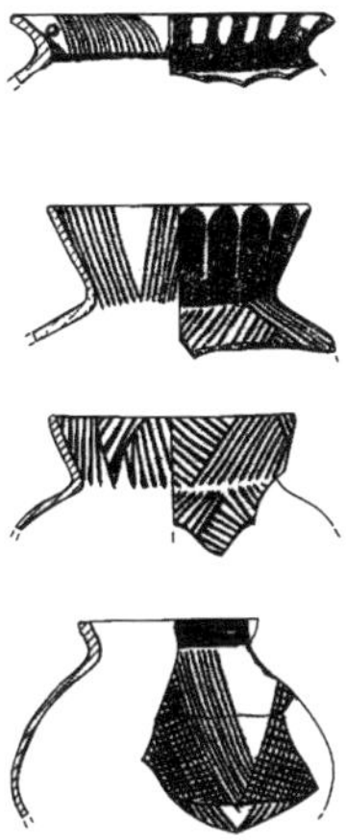	
钵	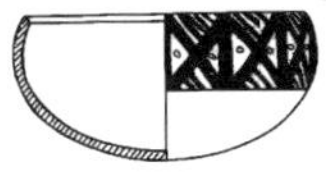	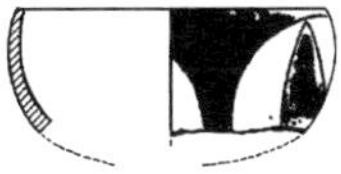	

图 4-17　黄瓜山文化与芝山岩文化彩陶之比较

址发现相关遗存，而在中南部则获得较大的发展空间。

芝山岩文化源自黄瓜山文化已是不争的事实。也就是说，在黄瓜山文化时期，两岸的交流内容已不仅仅是某些文化因素或是某些物质资源，而是首次出现了文化形态的整体移植，因此这种跨海峡的文化活动无论在深度还是广度上已大大超过此前任何一个时期。

种植农业是另一个跨海峡传入台湾岛的关键技术。台湾地区种植农业大约出现在新石器时代晚期，2002～2003 年，在台南的南关里东遗址出土了一批新石器时代的作物遗存，品种包括水稻、高粱和粟，遗址发掘者认为其距今年代约 5ka～4.3kaB.P.，是台湾地区出现种植农业的已知最早证据[①]。根据目前闽、粤、台的植物考古成果来看，三地最早的水稻、粟、麦等作物遗存都发现于福建的闽东沿海地区。其中水稻种植出现得最早，距今约 7.5kaB.P.[②]。在昙石山文化时期已出现稻旱混作[③]，到黄瓜山文化时期进一步出现了麦的种植[④]。这些考古发现说明福建沿海，特别是闽东沿海应该是上述农作物向华南地区和台湾地区传播的重要节点。

在 2016 年的考古调查活动中，通过对西洋岛、小西洋岛、北礌岛等数个遗址采集夹砂陶标本的观察，发现其中有一部分陶片的陶胎内有炭化稻壳印痕。这个有趣的现象也提示我们，新石器时代福建境内的先民们在向沿海岛屿迁徙的过程中，很有可能是带着稻、粟之类的农作物种子同行的。

上述台湾海峡两岸的技术交流活动中实际上还潜藏着一个不言而喻但又至关重要的技术，即航海技术。正是凭借当时发达的航海技术，两岸的先民才能操帆驾舟，来往于大陆和岛屿之间，进行物质和文化的交流活动。尽管缺乏直接的考古实物，但 1994 年黄瓜山遗址考古发掘出土的一件彩陶器口沿片上的纹饰值得注意。发掘报告将这件彩陶片的纹饰归入“植物类”，但它却与这一时期常见的叶脉纹、蕉叶纹等植物纹饰全无相似之处，也不同于这一时期流行的几何纹饰。这个纹饰更像是在抽象地描绘一组水手操纵舟筏的情形（图版七，3）。遗憾的是这样的纹饰目前见诸文献和公开展示

---

① Tsang Cheng-hwa, Li Kuang-ti etc. *Broomcorn and foxtail millet were cultivated in Taiwan about 5000 years ago. Botanical Studies, 2017(58):3.*

② 吴卫：《新石器时代稻作农业在中国东南沿海传播路径的新思考》，《农业考古》2018 年第 4 期。

③ 戴锦奇、左昕昕、蔡喜鹏等：《闽江下游白头山遗址稻旱混作农业的植硅体证据》，《第四纪研究》2019 年第 1 期。

④ 姚政权：《植硅石分析在黄瓜山等遗址中的初步应用》，中国科学技术大学，2003 年。

的仅此一例，在出土的大量陶片标本中是否还有类似的纹饰不得而知，故无法就此做进一步的讨论。

二、黄瓜山文化与南岛语族起源与扩散

南岛语族是指现今广泛分布于印度洋至南太平洋岛屿上的人类族群。关于南岛语族的起源研究始于 20 世纪 30 年代。20 世纪 80 年代，著名考古学家张光直先生首次提出中国大陆东南沿海“闽江口至韩江口的福建与广东东端的海岸”是南岛语族的起源地的观点[①]。这一观点已得到学界的普遍认同，并认为在约 7ka～5kaB.P. 左右，居住在中国大陆东南沿海的原南岛语族（Origin Austronesian）开始跨过台湾海峡向南太平洋扩散[②]。由于福建沿海地区与台湾岛的距离最近，两地史前文化之间存在千丝万缕的联系，因此福建沿海地区成为南岛语族起源与扩散研究的关键区域之一。

DNA 研究显示，在马祖列岛发现的“亮岛人”是现今南岛语族可追溯的最早的祖先[③]。在南太平洋地区的考古证据则显示，在距今 4000～3500 年，南岛语族从台湾岛出发前往菲律宾群岛和马里亚纳群岛，从而开始其绵延数千年向广袤的南太平洋扩散的漫长历程[④]。

---

① 张光直：《中国东南海岸考古与南岛语族起源问题》，《南方民族考古》（第 1 辑），四川大学出版社，1987 年。

② 原南岛语族扩散的路线除了跨过台湾海峡经台湾岛这一线外，也有学者提出还存在一条从珠江三角洲向西，经广西南部和海南岛进入中南半岛的越南沿海的路线。臧振华：《再论南岛语族的起源与扩散问题》，《南岛研究学报》2012 年第 1 期。

③ Albert Min-Shan Ko, Chung-Yu Chen, Qiaomei Fu, etc. Early Austronesians: Into and Out Of Taiwan. *The American Journal of Human Genetics*, 2014, 94(3):426-436.

④ Hsiao-chun Hung, Mike T. Carson, Peter Bellwood, etc. The first settlement of Remote Oceania: the Philippines to the Marianas. *Antiquity*, 2015, 85(329): 909-926.

在这二者之间约 4000 年的时间里，台湾海峡至少经历了三次跨海峡扩散的活跃期，在每个活跃期里不同的考古学文化先后扮演着主要角色。可见原南岛语族离开中国东南沿海大陆向台湾岛的扩散同样是一个持续数千年的呈波次的过程，新石器时代各时期来自包括福建沿海在内的中国大陆东南沿海的不同人群、不同文化在台湾海峡发展、交流、融合，形成了南岛语族最初的家园。

关于原南岛语族早期跨海扩散的动因有不同的解释，影响较大有“人口压力”说和“海洋适应性”说两种。其中持“人口压力”说的研究者认为稻作农业的发展导致中国东南沿海地区人口密度快速升高，由此带来寻找新的耕地资源的需求驱动了人群向海岛的迁移[①]；近些年又有研究者提出了“半导体”说，对前者的观点进行了修正。“半导体”说不再强调诸如寻求耕地资源或是贸易对象等具体动机的作用，但仍然认为人口压力是驱动沿海居民跨海峡扩散的主要动因[②]。持“海洋适应性”说的研究者则认为东南大陆沿海居民长期以来形成的海洋适应性是他们跨过台湾海峡——主动寻找新的宜居地或是被动地（偶然地）被洋流带至台湾岛——的动因[③]。但就台湾海峡区域内目前掌握的考古证据而言，这两个解释均存在较大的缺陷。

首先，至少在距今 8000～4300 年，福建沿海并不存在因人口压力增加而跨海扩散的条件。虽然在距今 7500 年左右稻作农业在闽江下游流域存在的迹象已被发现，但直到距今 5000 年之前，稻

---

① Peter Bellwood. The Checkered Prehistory of Rice Movement Southwards as a Domesticated Cereal—from the Yangzi to the Equator. *Rice*, 2011(4): 93-103.

② Mike T. Carsona, Hsiao-chun Hung. Semiconductor theory in migration: population receivers, homelands and gateways in Taiwan and Island Southeast Asia. *World Archaeology,* 2014,46(4): 502-515.

③ 臧振华：《中国东南海岸史前文化的适应与扩张》，《考古与文物》1999 年第 3 期。

作农业在福建沿海的发展仍十分缓慢。这一点从整个台湾海峡地区目前已发掘的遗址中并没有发现存在大规模稻作农业证据可以看出来。可以认为新石器时代早期至中期，福建沿海的人口规模长期处在十分缓慢的增长状态，直到新石器时代末期的黄瓜山文化时期才出现人口快速增长的局面。其表现除了反映在稻作农业长期停滞不前外，还集中反映在遗址的数量少、面积小、文化层堆积较薄，以及季节性迁徙等方面。这些都能在近十年来闽江下游流域、晋江流域以及平潭岛、东山岛等区域所开展考古调查成果中找到很好的印证。当然，人口压力驱动说在解释资源和空间都比较有限的海岛环境下人类迁徙动因是比较适用的。以台湾岛为例，在稻、粟种植农业传入后（距今5000～4000年），聚落遗址数量的确较之前急剧增加[①]。聚落遗址数量的剧增显然是因人口的快速上升而出现的现象。也正是在距今4000年左右，台湾岛上开始了南岛语族的第二波扩散。

其次，海洋适应性只是原南岛语族跨海扩散的必要条件而非充分条件，应考虑到文化传统的变化可能会削弱甚至取代这种海洋适应性。昙石山文化和大帽山文化均被认为具有浓厚的海洋性特点，但如前文所述，二者的发展过程并没有对跨海峡扩散表现出相同的积极性，前者在晚期阶段转向内陆地区，而后者则与澎湖列岛以及台湾西南部保持密切的联系，甚至可能在台湾海峡南部形成了一个“文化区”[②]。虽然其原因比较复杂,但可以肯定的一点是,种植农业的进步提高了食物生产能力，从而为古文化选择向内陆山地还是海洋扩散提供了技术上的保障。

---

① Mike T. Carsona, Hsiao-chun Hung. Semiconductor theory in migration: population receivers, homelands and gateways in Taiwan and Island Southeast Asia. *World Archaeology,* 2014,46(4): 502-515.

② 焦天龙、范雪春:《福建与南岛语族》，中华书局，2010年。

后　记

自2018年带队与霞浦县博物馆联合完成霞浦县的史前遗址考古调查工作后，结合对近年来闽东地区与闽江下游流域考古工作所取得进展的思考，深感霞浦县是福建沿海史前考古取得新突破的一个关键区域，故曾打算把相关资料和研究心得整理结集，以作抛砖引玉之用，但因种种缘故未能付诸行动。2020年10月，霞浦县博物馆馆长吴春明兄来电，谓霞浦县政协想出一本关于霞浦县史前文化研究的专著，他力荐我来承接这个任务。老友的信任，领导的支持，加之本人亦有此意，于是一拍即合，有了这本书。

在本书的写作过程中霞浦县政协提供了可靠的经费保障和工作支持；霞浦县海洋历史文化研究中心主任陈信剑博士在资料收集、现场调查、联络出版等事宜上多方奔忙协调；霞浦县博物馆提供了部分馆藏器物、标本和遗址调查的相关图文资料，大大丰富了研究素材；福建省昙石山遗址博物馆的王银平副研究员、闽江学院人文学院的黄运明副研究员、福建师范大学地理科学学院的左昕昕副教授等同仁好友也在本书的写作过程中提供了宝贵的资料或是学术建议；郑国珍先生百忙之中拨冗为本书作序；我的夫人杨莹在忙碌工作的同时还默默负担了大部分的家庭琐务，令我能安心写作。本书得以顺利付梓离不开诸位师长、亲友的关心和支持，在此一并致以本人最诚挚的谢意。

图版一至五是黄瓜山遗址第一次考古发掘出土部分器物的照片，系林恭务先生多年前所赠，如今斯人已驾鹤西去，谨在此聊表缅怀之情。

由于本书写作的时间较为紧凑，无法对早期发现的遗址逐一做详细复查，故其中部分遗址只能沿用既有资料，介绍显得较为单薄，算是本书的一个缺憾；又因本人学识有限，书中难免有疏漏之处，还望各位方家不吝指正。

吴 卫

2021年秋

图　　版

1. 彩陶盆（T126⑤：18）

2. 彩陶钵（T559⑥：43）

3. 彩陶钵（T186⑤：10）

4. 彩陶钵（T355③：15）

5. 彩陶钵（T554④：18）

6. 单鋬罐（T146⑦：53）

黄瓜山遗址出土陶器

图版二

1. 豆（T126 ⑥： 12）

2. 豆（T146 ⑦： 42）

3. 钵（T559 ④： 55）

4. 三足盘（T546 ⑦： 30）

5. 篓形器（T559 ⑥： 41）

6. 陶釜（T186 ③： 6）

黄瓜山遗址出土陶器

1. 钵（T559⑥：43）

2. 盆（T546④：17）

3. 盆（T535④：26）

4. 罐（T560⑥：21）

5. 杯（T186③：1）

6. 臼（T535⑦：25）

黄瓜山遗址出土陶器

图版四

1. 支脚（T560⑥：20）

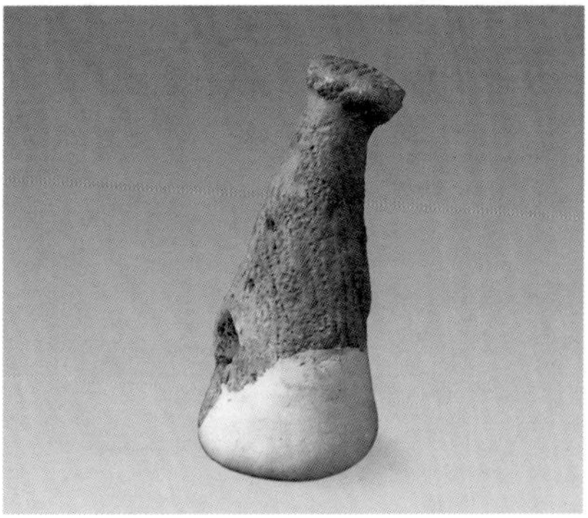

2. 支脚（T559⑥：40）

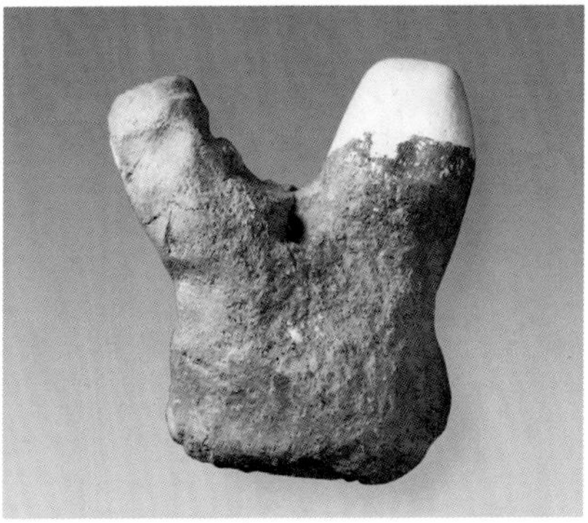

3. 支脚（T176⑦：35）

4. 支脚（T357③：51）

5. 器垫（采：2）

6. 器垫（T244⑥：12）

黄瓜山遗址出土陶器

1. 彩陶纺轮（T144③A：1）

2. 彩陶纺轮（T176④：7）

3. 彩陶杯（T164⑤：8）

黄瓜山遗址出土陶器

图版六

1. 网格纹

2. 梯格纹

3. 曲折纹

4. 曲折纹

5. 斜线三角纹

6. 竖条纹

黄瓜山遗址出土彩陶纹饰

图版七

1. 云雷纹

2. 三角云雷纹

3. 人形纹

4. 网格纹 + 旋涡纹

5. 云雷纹 + 花草纹

6. 斜线三角纹 + 彩边方框纹

黄瓜山遗址出土彩陶纹饰

1. 小西洋岛遗址

2. 可门岛遗址

3. 大王澳 B 地点

4. 大王澳 C 地点

部分遗址陶片标本中发现的炭化稻壳印痕现象